Kohlhammer
Urban-
Taschenbücher

Band 252

Ulrich Bleidick, W. Hartwig Claußen, Walter Dohse, Ursula Hagemeister, Norbert Myschker, Waldtraut Rath, Hans Stadler, Karl Heinz Wisotzki

Einführung in die Behindertenpädagogik I-III

Band I

Ulrich Bleidick, Ursula Hagemeister

Allgemeine Theorie der Behindertenpädagogik

Band II

Ulrich Bleidick, Ursula Hagemeister, Waldtraut Rath, Hans Stadler, Karl Heinz Wisotzki

Blindenpädagogik
Gehörlosenpädagogik
Geistigbehindertenpädagogik
Körperbehindertenpädagogik
Lernbehindertenpädagogik

Band III

W. Hartwig Claußen, Walter Dohse, Norbert Myschker, Waldtraut Rath

Schwerhörigenpädagogik
Sehbehindertenpädagogik
Sprachbehindertenpädagogik
Verhaltensgestörtenpädagogik

Ulrich Bleidick
Ursula Hagemeister

Einführung in die Behindertenpädagogik

Band I

Allgemeine Theorie der Behindertenpädagogik

5. Auflage

Verlag W. Kohlhammer
Stuttgart Berlin Köln

Die Deutsche Bibliothek – CIP-Einheitsaufnahme

Einführung in die Behindertenpädagogik.
– Stuttgart; Berlin; Köln: Kohlhammer
ISBN 3-17-011625-8
ISBN 3-17-007164-5 (2. Aufl.)

Bd. 1. Allgemeine Theorie der Behindertenpädagogik /
Ulrich Bleidick; Ursula Hagemeister. – 5. Aufl. – 1994
(Urban-Taschenbücher; Bd. 252)
ISBN 3-17-012757-8
NE: Bleidick, Ulrich; GT

5. Auflage 1995

Stuttgart Berlin Köln
Verlagsort: Stuttgart
Umschlag: Studio 23
Gesamtherstellung: W. Kohlhammer Druckerei GmbH + Co. Stuttgart
Printed in Germany

Inhalt

0. Einleitung 7

1. Behinderung und Behinderte 11

1.1 Pragmatische Definitionen von Behinderung 11
1.2 Schädigung, Gebiete und Schweregrade von Behinderung 13
1.3 Behinderung, Relativität, Normalität 18
1.4 Behinderungsbegriff und sozialrechtliche Zweckbestimmung 22

2. Behinderung als pädagogisches Problem . . . 27

2.1 Behinderung als intervenierende Variable der Erziehung 27
2.2 Behinderung als funktionsbezogene Kategorie . . . 29

3. Das Bildungswesen für Behinderte 33

3.1 Übersicht über das gegenwärtige Bildungswesen für Behinderte 33
3.1.1 Frühbereich 33
3.1.2 Elementarbereich 35
3.1.3 Allgemeinbildender Schulbereich 38
3.1.4 Berufs- und Erwachsenenbildung 42
3.2 Reformtendenzen im Bildungswesen für Behinderte 44
3.2.1 Die Leitvorstellung der Integration 44
3.2.2 Die Entwicklung in den Bundesländern 49
3.2.3 Wohin steuert die Reform? 54

4. Zur Theoriebildung der Behindertenpädagogik 64

4.1 Heilpädagogik und das medizinische Modell 64
4.2 Sonderpädagogik als Ergebnis von Systemdifferenzierung 67
4.3 Interaktionstheoretische Definition der Behinderung 72
4.4 Die Aufgabe der Theorienverknüpfung 75

5. Wissenschaftstheoretische Aspekte der Behindertenpädagogik 81

5.1 Zur Methodologie der Behindertenpädagogik 82
5.2 Konstitutionsprobleme der Behindertenpädagogik . 92
5.3 Eine Ethik für die Behindertenpädagogik 99

Literatur 131

0. Einleitung

Die Pädagogik der Behinderten befaßt sich mit der Theorie und Praxis der Erziehung und Unterrichtung von Behinderten. Damit wird ihr der Begriff der Behinderung bzw. des Behinderten zentral. Es muß deshalb von Anfang an klargestellt werden, was im allgemeinen nicht-pädagogischen Sprachgebrauch unter Behinderten verstanden wird und welche Bedeutung der Sachverhalt Behinderung unter den Gesichtspunkten pädagogischer Beeinflussung erhält.

Diese Aufgabe hat eine Pädagogik der Behinderten unter zwei Abschnitten zu verfolgen. Einmal kann man von einer Allgemeinen Behindertenpädagogik sprechen, wenn es darum geht, das Gesamtgebiet aller jener Veranstaltungen zu thematisieren, die abseits vom Regelfall des ›Normalen‹ auch unter dem Namen Sonderpädagogik auftreten. Dieser Aspekt wird im ersten Band dargestellt. Des weiteren gliedert sich der Begriff Behinderung bei näherer Betrachtung jedoch in ganz verschiedene Behinderungsarten auf, die wir unterschiedlich bezeichnen und die wiederum eine spezifische pädagogische Begegnung verlangen: Pädagogik der Blinden, Gehörlosen, Geistigbehinderten, Körperbehinderten, Lernbehinderten, Schwerhörigen, Sehbehinderten, Sprachbehinderten und Verhaltensgestörten. Der Speziellen Behindertenpädagogik sind der zweite und der dritte Band gewidmet.

Behinderung bezeichnet zunächst keinen pädagogischen Sachverhalt. Wir kennen Behinderte aus dem täglichen Leben. Behinderung wird in verschiedenen Bereichen der Medizin und des Sozialrechts definiert. Daraus resultiert das erste Kapitel dieses Bandes: Es ist herauszuarbeiten, was unter Behinderung im allgemeinen Sprachgebrauch verstanden wird und wie sich dieser Begriff von unterschiedlichen sozialen Aspekten aus darstellt.

Das zweite Kapitel hat mithin die Aufgabe, das herkömmliche Verständnis von Behinderung unter pädagogischen Gesichtspunkten zu spezifizieren. Es geht um die Beantwortung der Frage: Was bedeutet eine Behinderung unter pädagogischen Aspekten? Die Antwort erfolgt in der Weise, daß Behinderung und Behindertsein von Menschen erziehungswissenschaftlich relevant gefaßt werden: Was versteht man im pädagogischen Sinne unter Behinderung?

Erziehung und Unterricht von Behinderten haben sich in der Geschichte der Pädagogik in Institutionen ausgeprägt. Die Durchsetzung des Bildungsrechts für Behinderte im 19. Jahrhundert geschah in der Weise, daß Sonderklassen und Sonderschulen für diejenigen Schüler eingerichtet wurden, die in allgemeinen Schulen nicht mitkamen. Auch heute wird der weitaus überwiegende Teil der als behindert diagnostizierten Kinder und Jugendlichen in Sonderschulen unterrichtet. Es macht einen bemerkenswerten Akzent der neueren bildungspolitischen Diskussion aus, daß unter der Leitidee einer ›Integration‹ – gemeint ist die gemeinsame Unterrichtung behinderter und nichtbehinderter Schüler in allgemeinen Schulen – versucht wird, den historischen Prozeß der Ausgliederung Behinderter aus dem allgemeinen Schulwesen gleichsam zurückzudrehen. Das dritte Kapitel ist demnach einer Bestandsaufnahme der Institutionen zur pädagogischen Förderung Behinderter und ihrer aktuellen Reformtendenzen gewidmet.

Das vierte Kapitel des Buches hat eine theoretische Übersicht der praktischen und institutionellen Erziehung von Behinderten zum Gegenstand. In den historisch vorfindbaren Theorien zur Heilpädagogik, zur Sonderpädagogik und zur Behindertenpädagogik finden sich Aussagen zu einer erziehungswissenschaftlichen Begründung der Förderung behinderter Kinder und Jugendlicher.

Das fünfte Kapitel zur Wissenschaftstheorie stellt den theoretischen Überbau einer Behindertenpädagogik noch einmal zur Diskussion. Es wird untersucht, ob es Kriterien für die Beantwortung der Frage gibt, welche Organisationsform der Erziehung von Behinderten ›richtig‹ ist und wie eine Ethik für die Behindertenpädagogik aussehen muß.

Der Leser dieser Einführung in die Behindertenpädagogik wird bei der Lektüre der eben inhaltlich skizzierten fünf Großkapitel des Buches bemerken, daß die Hauptstücke von unterschiedlichem theoretischen Anspruch und von einem steigenden Schwierigkeitsgrad sind. Das liegt in der Logik des Gegenstandes und ist insofern beabsichtigt. Während die ersten beiden Teile, die sich mit dem Begriff der Behinderung befassen, mehr allgemeinverständlich gehalten werden können, weil sie von einer Aufklärung unseres Alltagsverständnisses ausgehen, beanspruchen die nächsten Teile einen wesentlich höheren Grad von Problematisierung. Das wird schon am Mittelteil deutlich, in dem die Übersicht über das Bildungswesen für Behinderte auf eine aktuelle Auseinandersetzung mit bildungspolitischen Reformbestrebungen hinausläuft. Dieses Kapitel dürfte somit stärker zeitgebunden sein als die übrigen Teile des Buches. Die beiden letzten Kapitel – in denen füglich der Begriff der Theorie auftaucht – stellen eher einen grundsätzlichen Reflexionsstand her. – Diese didaktische Einteilung bedingt, daß das Buch auch in drei Teilen zur Kenntnis genommen und erarbeitet werden kann: (1) mit einer allgemeinen Einführung in die Behindertenproblematik; (2) mit einer Dokumentation der momentan in Bewegung geratenen Bildungspolitik für Behinderte (insbesondere der sogenannten ›Integrationsbewegung‹); (3) mit einer anspruchsvolleren Übersicht über die gegenwärtige Theoriebildung der Behindertenpädagogik.

1. Behinderung und Behinderte

1.1 Pragmatische Definitionen von Behinderung

Was ist Behinderung? Wer ist behindert? Die Frage erscheint zunächst überflüssig. Wir alle glauben zu wissen, daß jemand, der in einem Rollstuhl sitzt, behindert ist. Gilt aber auch ein Schüler, der so kurzsichtig ist, daß er selbst die großen Buchstaben des Lesebuchs dicht vor die Nase halten muß, um sie entziffern zu können, und der mit einer Brille fast wieder ›normal‹ sehen kann, gilt der auch als behindert, als sehbehindert? Wir bemerken, daß bei der näheren Überprüfung unseres umgangssprachlichen Verständnisses weitere Klärungen erforderlich sind. Zur Aufklärung unseres Alltagswissens, unserer Meinungen, aber auch unserer Vorurteile bedarf es eines schrittweisen Vorgehens, bis hin zum Versuch einer wissenschaftlichen Fassung des Behinderungsbegriffs.

Ein international weitgehend anerkanntes Klassifikationssystem der Weltgesundheitsorganisation zur Beschreibung von Behinderungen liegt seit dem Rehabilitation Codes Report 1957–1962 vor (letzte Fassung 1980). Danach werden drei Dimensionen der Betrachtung unterschieden:

- Schädigung (impairment) von Organen oder Funktionen des Menschen;
- Beeinträchtigung (disability) des Menschen, der aufgrund seiner Schädigung in der Regel eingeschränkte Fähigkeiten im Vergleich zu nichtgeschädigten Menschen gleichen Alters besitzt;
- Benachteiligung (handicap) des Menschen im körperlichen und psychosozialen Feld, in familiärer, beruflicher und gesellschaftlicher Hinsicht aufgrund seiner Schädigung und Beeinträchtigung.

So einsichtig diese Definitionen auf den ersten Blick sind, so schwierig erweist sich im nachhinein die Vermittlung mit unserem alltagsverständlichen Begriff von Behinderung. Das Wort ›Behinderung‹ kommt im engeren Sinne in der Übersetzung nicht vor. Das bedeutet auf der anderen Seite: Behindertsein eines Menschen ist ein komplexer Prozeß von Ursachen und Folgen, unmittelbaren Auswirkungen, individuellem Schicksal und sozialen Konsequenzen.

Aus dieser Sicht sind optimistische gesundheitspolitische, sozialpolitische und pädagogische Folgerungen abgeleitet worden. Im Prinzip kann eine Gesellschaft so verfaßt sein, daß Menschen mit Schädigungen und Beeinträchtigungen aufgrund eines optimalen Hilfeangebotes der Gesellschaft so weit gefördert werden, daß sie nicht benachteiligt sind. Im utopischen Sinne ›gibt‹ es keine Behinderten als Benachteiligte – auf den Begriff der Behinderung kann verzichtet werden. Es liegt auf der Hand, daß dieser hohe Anspruch nicht leicht zu realisieren ist bzw. bislang nicht erreicht wurde. Die grundsätzliche Richtigkeit des rehabilitativen Ansatzes dürfte davon aber unberührt sein. Eine voraussetzungsvolle Begriffsbildung hatte seinerzeit versucht, für die östlichen sozialistischen Länder den Oberbegriff der Schädigung durchzusetzen (Theiner/Künne/Becker 1981). Vermutlich bleibt dies wissenschaftsgeschichtlich wie sozialpolitisch eine Episode.

Die genannten Verständigungsschwierigkeiten haben in der Bundesrepublik Deutschland dazu geführt, den umgangssprachlichen Begriff der Behinderung beizubehalten. In einem weiteren Schritt wird jedoch versucht, ein pragmatisches Begriffsverständnis festzusetzen. Die Überlegungen wurden in den siebziger Jahren in der Bildungskommission des Deutschen Bildungsrats (1973) in verschiedenen Wendungen formuliert: Als behindert gelten Personen, die infolge einer Schädigung ihrer körperlichen, seelischen oder geistigen Funktionen so weit beeinträchtigt sind, daß ihre unmittelbaren Lebensverrichtungen oder ihre Teilnahme am Leben der Gesellschaft erschwert werden.

Die inhaltlichen Bestandteile der Definition von Behinderung sind an folgenden Begriffen festzumachen:

»gelten«: Die Definition von Behinderung liegt nicht fest. Es soll ihre Vorläufigkeit und ihr jeweils begrenzter Geltungscharakter zu verschiedenen sozialen Zwecken betont werden: Behinderung ist ein relativer Tatbestand.

»Schädigung«: Behinderung ist in der Regel Folge einer Schädigung.

»körperliche, seelische oder geistige Funktionen«: Die Behinderung kann, teilweise oder durchgängig, physische (körperliche) oder psychische (seelisch-geistige) Gebiete betreffen. Wir sprechen von Funktionen, wenn wir damit sowohl von der Schädigung abhängige Größen als auch die Wirkungsweisen meinen.

»unmittelbare Lebensverrichtungen oder Teilnahme am Leben der Gesellschaft«: Behinderung hat eine individuelle und eine soziale Seite. Persönliche Lebenserschwerungen liegen etwa dann vor, wenn der Körperbehinderte sich durch die Einschränkung seiner Bewegungsfähigkeit nicht frei bewegen kann und auf Hilfe angewiesen ist; wenn der Gehörlose akustische Signale nicht wahrnimmt und im Straßenverkehr dadurch gefährdet ist; wenn der Blinde sich optisch nicht zu orientieren vermag. Ebenso folgenreich sind die Erschwerungen, die der Behinderte im sozialen Feld erfährt und die seine Eingliederung in das öffentliche Leben, in die Bildungsinstitutionen, in die Berufs- und Arbeitswelt, ja selbst in die Familie erschweren.

»beeinträchtigt«: Die Wahl des Oberbegriffs Beeinträchtigung deutet an, daß der Begriff der Behinderung später weiter differenziert werden muß. Leichte und schwere Formen der Behinderung haben gemeinsam, daß sie alle irgendwelche Beeinträchtigungen im individuellen und sozialen Feld nach sich ziehen.

1.2 Schädigung, Gebiete und Schweregrade von Behinderung

Der Tatbestand der Behinderung ist in Wirklichkeit komplexer, als der erste definitorische Zugang ausdrückt. Behinderung ist fast immer Folge einer Schädigung, einer frühkindlichen Hirnschädigung etwa, einer angeborenen Gliedmaßenfehlbildung, eines Ausfalls im Sinnesorgan usw. Die Schädigung kann im körperlich-biologischen, aber auch im seelisch-geistigen Bereich aufgetreten sein. Im ersteren Fall läßt sie sich leichter ursächlich ausmachen und diagnostizieren. Schädigungen im emotionalen und kognitiven Bereich, wie zum Beispiel eine massive frühkindliche Vernachlässigung, die zu einer späteren Verhaltensstörung führt, sind demgegenüber selten eindeutig zu bestimmen.

Eine zugrundeliegende Schädigung ist beim letztgenannten Beispiel anzunehmen, aber nicht streng zu beweisen. Wir sprechen dann von funktionellen Störungen, um auszudrükken, daß das Zusammenspiel der psychischen Kräfte gestört ist. Die mitunter vorgenommene Aufteilung nach organischen und funktionellen Störungen ist allerdings ein idealtypisches Konstrukt, das im konkreten diagnostischen Fall nicht immer anzuwenden ist. Umgangssprachlich läßt sich die einer Behinderung zugrundeliegende Schädigung jedoch nicht von der Folgebeeinträchtigung des Behindertseins trennen. Wenn wir von einem Körperbehinderten, einem Blinden reden, dann ist sowohl der Zustand körperlicher Versehrtheit als auch die Folgeerscheinung der Behinderung gemeint.

Behinderung muß ferner als Prozeßbegriff verstanden werden. Behinderungen können nach einem Unfall oder nach einer Erkrankung auftreten. Sie können mitunter ebenso durch eine medizinische Behandlung der Schädigung oder durch pädagogische Förderung beseitigt werden, wie etwa eine Sprachbehinderung aufgrund von Gaumenspalte; sie können in ihren Auswirkungen wesentlich gemildert werden, zum Beispiel durch apparative Versorgung bei einem Schwerhörigen. Zum anderen gibt es fortschreitende Krankheitsprozesse, bei denen mit einer Verschlimmerung des Behindertseins zu rechnen ist, etwa bei progressivem Muskelschwund. Eine der wesentlichen Aufgaben von Medizin, Pädagogik und Sozialhilfe besteht darin, Beeinträchtigungen rechtzeitig zu erkennen und durch prophylaktische Maßnahmen zu verhindern, daß aus einer drohenden Behinderung eine manifeste Behinderung wird.

Die Schädigungsarten liefern ein erstes Klassifikationssystem für Behinderungen. Die nachfolgend aufgeführte Einteilung von Schädigungen stellt ein verbreitetes medizinisches Raster dar, das auch für die Rehabilitationsgesetzgebung als einschlägig gilt. Dieses medizinische Modell hat erhebliche Nachteile für die Hilfezumessung bei Behinderten.
Gemeinhin werden unterschieden:

- Anfallserkrankungen
- Altersgebrechlichkeiten
- Geisteskrankheiten (Psychosen)
- Hörschädigungen
- Intelligenzschädigungen
- Körperbehinderungen

– Langfristige Erkrankungen
– Sehschädigungen
– Sprachbehinderungen
– Verhaltensstörungen

Behinderung muß zuletzt von Krankheit unterschieden werden. In der Regel gilt Behinderung als ein Folgeleiden der Erkrankung, als Postzustand nach durchlaufenem Krankheitsprozeß. Jedoch sind die Grenzen nicht starr zu ziehen. Eine Invalidität liegt vor, wenn Unfall oder Erkrankung etwa zum Verlust von Gliedmaßen geführt haben, wenn eine abgeklungene entzündliche Hirnerkrankung Sprachverlust oder geistige Behinderung zur Folge hat. In anderen Fällen können der Krankheitsprozeß und der Zustand der Behinderung nicht unterschieden werden: Die Blutungserkrankung des Hämophilen ist zugleich seine Behinderung.

Die Beispiele lassen erkennen, daß Behinderung ein abstrakter Oberbegriff ist, der in der näheren Bestimmung weiter zu differenzieren und zu konkretisieren ist: nach Schädigungsarten, nach Gebieten des Behindertseins und nach Schweregraden. So kann ein Stotterer in seiner sprachlichen Kommunikationsfähigkeit außerordentlich stark behindert sein, zugleich aber seinen Arbeitsplatz als technischer Zeichner gut ausfüllen. Das geistigbehinderte Kind mag in seiner Familie, in einer Freundesgruppe und in der Nachbarschaft sozial integriert sein, während seine intellektuellen Leistungsschwächen erhebliche Schwierigkeiten in der schulischen und beruflichen Eingliederung erwarten lassen. Wir unterscheiden zunächst Gebiete des Behindertseins:

– Körperliche und psychische, medizinisch auffällige Behinderungen. Sie beeinträchtigen den Behinderten in seinen Aktionen und Reaktionen und in seiner Unversehrtheit, so bei einem Körperbehinderten.
– Soziale Behinderungen. Sie erschweren die sozialen Beziehungen in der Familie, der Freundesgruppe, im öffentlichen Verkehr, zum Beispiel bei einem schweren Stotterer.
– Berufliche Behinderungen. Sie verhindern oft eine Beschäftigung des Behinderten in der Berufs- und Arbeitswelt, die seinen Fähigkeiten und Neigungen entsprechen würde, etwa bei einem Gehörlosen.
– Schulische Behinderungen. Sie erschweren die Erziehung und Bildung des Behinderten und bilden die Veranlassung dafür, in ›besonderer‹ Weise nach geeigneten Erziehungs-

und Bildungsmaßnahmen zu suchen, zum Beispiel bei einem Lernbehinderten.

Es liegt nahe, danach zu fragen, welche dieser Gebiete des Betroffenseins von Behinderung schwerwiegend sind und welche unter Umständen weniger gravierende Auswirkungen haben. Ein Schüler, der während der Schulzeit einer schulischen ›Lernbehinderung‹ unterliegt, könnte – zumal dann, wenn es ihm gelingt, eine erfolgreiche Berufs- und Arbeitstätigkeit aufzunehmen – weniger behindert sein als der dauernd an den Rollstuhl gefesselte Körperbehinderte. Allerdings ist die Frage nach dem Schweregrad von Behinderung nicht so leicht zu beantworten, wie das Beispiel nahezulegen scheint. Vielmehr läßt sich die Schwere des Behindertseins im Einzelfall nur in einem differenzierten Koordinatensystem von vier sich überkreuzenden und bedingenden Variablen ausmachen. Abb. 1 zeigt das Faktorengefüge.

Gebiet des Behindertseins ——— Art der Behinderung

Ausmaß des Defektes ——— Subjektives Leiden

Abb. 1: Faktoren, die den Schweregrad von Behinderung ausmachen

Unter den Gebieten des Behindertseins erscheint es unmöglich, eine Rangabstufung nach Schweregraden vorzunehmen. Die Frage ist müßig, wer mehr betroffen ist: der Körperbehinderte, dessen Bewegungseinschränkung ihm keinerlei berufliche Beschäftigungsmöglichkeit mehr bietet, oder aber der zitierte Stotterer, dessen Selbstzweifel ihn (trotz beruflicher Bewährung) unter Umständen in eine ausweglose und suizidgefährdende Lebenssituation geraten lassen.

In einem zweiten Schritt könnte somit die Behinderungsart als Faktor von Relevanz angenommen werden. Wir kennen aus Einstellungsuntersuchungen über Vorurteile gegenüber Behinderten das Problem (Cloerkes 1985): Wenn gefragt wird, was ›schlimmer‹ sei, Blindheit oder Gehörlosigkeit, dann pflegt mit sehr hoher Wahrscheinlichkeit der ›Volksmund‹ zu sagen: blind – eine ewige Welt ohne Licht, von bedrohlicher Dunkelheit. Der ›Fachmann‹ urteilt ganz anders darüber. Eine Stelle aus der Geschichte der Behindertenpädagogik belegt das (Zeune 1808, zitiert nach Ausgabe 1821):

Eine eben so häufige Frage ist: ob die Blindgeborenen oder Blindgewordenen sich unglücklicher fühlen. Wenn man allerdings zugeben muß, daß die Späterblindeten wissen, was sie entbehren, während bei den Früherblindeten das Sprichwort Statt findet, »was ich nicht weiß, macht mich nicht heiß«; so sagen die ersteren dagegen selbst, daß es ihnen lieber sei, durch das frühere Sehen eine Menge von Anschauungen mehr empfangen zu haben, über welche sie mit den Sehenden sich verständigen können. Überhaupt fühlt sich ein Blinder bei nützlicher Tätigkeit nach und nach nicht unglücklich, eben so wenig, als wir Sehenden, daß wir des Fliegens entbehren.
So ist auch schon oft die Frage aufgeworfen worden, ob der Blinde oder der Taubstumme unglücklicher sei. Fragt man sie selbst, so behauptet jeder, daß er besser daran sei, als der andere. Eben so ist beiden das Bejammern unangenehm. Es ist einmal von einem Schriftsteller bemerkt worden, daß bei Armuth die Taubheit – bei Reichthum die Blindheit erträglicher sei. Ist der Blinde arm, so kann er verhältnißmäßig weniger erwerben, und hat doch mehr Bedürfnisse, z.B. das eines Führers; ist er reich, so kann er sich Vorleser, Gesang, Tonspiel und erheiternde Umgebung verschaffen. Ist der Taubstumme arm, so kann er sich durch Erlernung eines Handwerks ernähren; ist er reich, so kann er durch all seinen Reichthum gerade die angenehmsten Freuden, die eines belebten Gesprächs nicht erkaufen.

Das Ausmaß des medizinischen Befalls ergibt zwar zunächst einen meßbaren Schweregrad von Behinderung: blind – sehbehindert; gehörlos – schwerhörig; geistigbehindert – lernbehindert. In der Tendenz ist eine solche quantitative Abstufung einsichtig. Es liegt ihr aber keine verbindliche Gesetzmäßigkeit zugrunde. Im einzelnen Fall kann sie sich sogar umkehren: Ein an den Rollstuhl gebundener, ›objektiv‹ schwer Behinderter kann mit seinem Defekt unter Umständen fertig werden, und ein nur leicht körperlich Versehrter, der sich am Bild des Unversehrten mißt, kann in diesem sozialen Bezugssystem sein ›Anderssein‹ stärker empfinden und insofern ›schwer behindert‹ sein.

Das letzte Beispiel lehrt, daß die subjektive Verarbeitung der – wenn man so will: medizinisch objektivierbaren – Behinderung zweifellos eine ausschlaggebende Größe ist. Nicht zuletzt kommt es darauf an, wie der Behinderte mit seiner Beeinträchtigung fertig wird. Indessen ist dies nicht nur ein vom betroffenen Individuum her leistbares Resultat. Noch mehr entscheiden die Erschwerungen der sozialen Teilhabe darüber, ob dem Behinderten Chancen seiner Verwirklichung im sozialen Feld eingeräumt werden, ob er von anderen Menschen, zumal von Nichtbehinderten, akzeptiert wird.

Die Faktoren stehen in einem wechselseitigen Zusammenhang. Sie bedingen einander, können sich gegenseitig verstärken oder mildern. Sicherlich gibt es schwere Behinderungen – etwa Mehrfachbehinderungen bei geistigbehinderten Blinden, bei Körperbehinderten mit gleichzeitiger Gehörlosigkeit, bei Taubblinden – wo die Behinderung auf allen Gebieten des Behindertseins, im Ausmaß des medizinischen Defekts, in der Behinderungsart sowie im subjektiven Leiden und im objektiven Tatbestand gravierend ist. Auf der anderen Seite gibt es Auffälligkeiten auf allen diesen Gebieten, die partiell, vorübergehend, relativ leicht empfunden werden, gleichwohl noch als Störungsformen von Relevanz sind. Behinderung befindet sich jeweils auf einem Kontinuum zwischen den Polen absoluten Behindertseins und relativer Beeinträchtigung.

Insofern haben gelegentlich vorgeschlagene Gradabstufungen zwar eine gewisse Plausibilität. Das Kontinuum von ›leicht‹ bis ›schwer‹ ist in Abb. 2 vorgestellt.

—— Auffälligkeit ——— Störung ——— Behinderung ——

Abb. 2: Kontinuum der Schweregrade von Beeinträchtigung

Im Einzelfall ist aber nicht zu entscheiden, wann etwa eine Sprachstörung bzw. eine Sprachbehinderung vorliegt. Den semantischen Differenzierungsbemühungen entspricht kein diagnostisches Abgrenzungskriterium.

1.3 Behinderung, Relativität, Normalität

Die Erörterung von Schweregraden des Behindertseins führt auf ein Problem, das grundsätzlicher Art ist: Es gibt keine allgemein anerkannte Definition von Behinderung. Es ist auch nicht erwünscht, daß für alle Zeiten allgemeingültig festgelegt werde, wer als behindert zu gelten hat und wer nicht. Die Tatbestände

Behindertsein und Behinderung sind sozial vermittelt: Soziale Normen, Konventionen und Standards bestimmen darüber, wer behindert ist. Der Begriff der Behinderung selbst unterliegt einem handlungsgeleiteten Erkenntnisinteresse. Darum sind alle Aussagen darüber, wer gestört, behindert, beeinträchtigt, geschädigt ist usw., relativ, von gesellschaftlichen Einstellungen und diagnostischen Zuschreibungen abhängig.

Betrachten wir noch einmal die zweiteilige Definition von Behinderung, nach der der Behinderte in seinen unmittelbaren Lebensverrichtungen sowie in der Teilnahme am Leben der Gesellschaft beeinträchtigt ist. Die bisherigen Beispiele, die den Zusammenhang von meist körperlicher Schädigung und Behinderung beschrieben, legen den Akzent mehr auf die Beschränkung der individuellen Lebensfunktionen. Die soziale Dimension des Behindertseins ist in ihrer kausalen Beziehung zu einer zugrundeliegenden Schädigung wesentlich komplexer; soziale Folgewirkungen der Behinderung sind darüber hinaus differenzierter, sie können als erheblich schwerwiegender empfunden werden.

Die Tatsache, daß Behinderungen in unterschiedlichem Maße im unmittelbaren Lebensvollzug und in sozialer Hinsicht wirksam werden, bedingt das Merkmal der Relativität einer Behinderung. Eine Schädigung kann einen Menschen in geringerem oder in stärkerem Maße behindern. Ein Querschnittgelähmter kann durch ungünstige Umstände zu dauernder Hilflosigkeit und Erwerbsunfähigkeit verurteilt sein; durch rechtzeitige Förderung und Ausbildung kann er beruflich und familiär integriert werden.

Somit zeigt sich, daß nicht die Schädigung, die zu einer körperlichen oder psychischen Behinderung führt, als solche von Belang ist, sondern ihre Folgewirkung auf die Person. Während im Beispiel des Querschnittgelähmten präventive oder kompensatorische Maßnahmen einerseits und Vernachlässigung andererseits zu unterschiedlichen Konsequenzen führen, ist in einem anderen Fall der Zeitfaktor ausschlaggebend. Der Lernbehinderte wird in der Regel nur in der Schulzeit als behindert eingestuft. Er muß nicht auf Dauer benachteiligt sein, wenn seine gesellschaftliche Eingliederung im späteren Lebenslauf gelingt. Obgleich beim lernbehinderten Schüler – zumindest aus der Beurteilung anderer – nur eine leichte Behinderung vorliegt, mag er aus eigener Sicht diese als schwerwiegend empfinden und in größerem Maße darunter leiden als jenes geistigbehinderte

Kind, dem die eigenen Unfähigkeiten weniger bewußt sind und das zu den Schwerstbehinderten gehört.

Hier ist die jeweilige individuelle Auseinandersetzung mit der Behinderung ausschlaggebend, die wiederum auf die Relativität des Phänomens verweist. Schließlich spielt in diesem Zusammenhang die Tatsache eine Rolle, daß die Behinderung in verschiedenen Bereichen in unterschiedlichem Grade zum Tragen kommt. In einem bestimmten Beruf mag ein Mensch mit autistischem Verhalten gute Fortschritte machen, während er im persönlichen und familiären Bereich auffallend behindert ist. So kann auch der Schüler, der aus einer soziokulturell benachteiligten Familie kommt, in einer von Normen der Mittelschicht bestimmten Schule hinsichtlich seines Sozialverhaltens so auffällig werden, daß er wegen seiner Verhaltensstörungen dem Personenkreis der Behinderten zugerechnet wird. Dagegen kann sein Verhalten in der Familie als angepaßt gelten. Insofern stellt sich, zumal für den Betroffenen, die Behinderung als eine soziale Kategorie dar. Inwieweit Behinderung existent wird, hängt mit davon ab, wie das soziale Umfeld auf Defekte, Mängel, Schädigung und Behinderung reagiert und wie der davon Betroffene selbst mit seinem Behindertsein fertig wird.

Der letzte Tatbestand verweist auf übergreifende gesellschaftliche Bezüge der sozialen Seite von Behinderung. Letztlich bestimmen die Normvorstellungen der jeweiligen Gesellschaft, wer als behindert gilt und wer nicht, wie schwer und wie leicht sein Handikap ist. Der Behinderte weicht von den Erwartungsvorstellungen der Gesellschaft – die in unserem Kulturkreis von den Idealen des Leistungsfähigen, Gesunden, Tüchtigen und Schönen bestimmt werden – ab, weil er »in unerwünschter Weise anders ist« (Goffman 1967, 13). Abweichendes Verhalten wird von der Gesellschaft definiert: Der Analphabet fällt in einer Gesellschaft mit kaum verbreiteter Schriftkultur nicht auf. Schon eine leichte Lese-Rechtschreib-Schwäche kann dagegen in unserem Schulsystem zu einem folgenreichen Schul- und Leistungsversagen führen. Lernbehinderte sind nach weitgehender vorschulischer Unauffälligkeit nur in Zeiten erhöhten kulturellen Auslesedrucks während der allgemeinen Schulpflichtzeit und in der Phase der beruflichen Eingliederung ›behindert‹. Mit steigendem Lebensalter wächst ihre Chance der reibungslosen Einfügung in die Gesellschaft. Welches Verhalten als abweichend oder gestört empfunden wird – etwa nur die Kontaktlosigkeit eines Kindes mit autistischem Verhalten oder die motorische Unruhe eines leicht cerebral gestörten Kindes in der Schulklasse oder das Sexualverhalten eines Homosexuellen – all das hängt von mehr oder minder bewußten, unausgesprochenen oder gar gesetzlich kanonisierten Wertvorstellungen der Gesellschaft ab.

Im bisherigen Zusammenhang wurde das Kriterium der gesellschaftlichen Norm als wirksam erkannt. Umgangssprachlich gilt zumal der schwer Behinderte als ›abnorm‹ oder ›anomal‹. Im wesentlichen können zwei unterschiedliche Begriffe von Norm auseinandergehalten werden:

- statistische Norm, die den am häufigsten vorkommenden Mittelbereich der Verteilung meint;
- ideale Norm, die eine optimale individuelle oder im sozialen Verband gegebene Zielgröße vorstellt.

Behinderte wären in diesem Sinne – nach der jeweils zu treffenden Übereinkunft des messenden sozialen Bezugssystems – entweder: Abweichungen vom Durchschnitt, genauer vom regelhaft durchschnittlichen ›Unbehindertsein‹, oder Personen, die dem Idealbild des Intakten, Unversehrten, Schönen am wenigsten nahekommen. Sowohl für den statistisch neutraleren Normbegriff wie auch für die Idealnorm gilt, daß eine mehr oder minder ausgesprochene Wertnorm bestimmt, was als normal gelten soll. Diese Wertmaßstäbe sind historisch und gesellschaftlich bedingt, wandelbar und der Beeinflussung zugänglich.

Das Ansehen des Behinderten als ›Anomaler‹, als außerhalb der Norm stehender Mensch, beinhaltet mithin eine Minderbewertung. Abgesehen davon, daß die Relativität gesellschaftlicher Konventionen keine eindeutige Aussage darüber erlaubt, wann eine Person objektiv vom Durchschnitt des Normalen abweicht, hat auch der differenzierte Behinderungsbegriff deutlich gemacht, daß eine abnorme Devianz nie durchgängig für alle Gebiete des Verhaltens gelten muß. Auch der ›Normale‹ realisiert in bestimmten kritischen Situationen Verhaltensweisen, die jenseits der Durchschnittswerte gesellschaftlicher Toleranz liegen können. Der Begriff der Norm erfüllt also nicht das Kriterium wissenschaftlicher Genauigkeit. Sein diffamierender Beiklang macht ihn vollends suspekt; er ist willkürlich, inhuman und dem Rehabilitationsbemühen schädlich.

Das Behindertsein hängt somit entscheidend davon ab, welche gesellschaftlichen Erwartungen gegenüber Menschen mit abweichendem Verhalten erhoben und welche Hilfen ihm gegeben werden, um diesen Erwartungen entsprechen zu können. Unter sozialpolitischen Aspekten stellt sich demnach die Forderung, die Zahl der Behinderten ständig zu verringern. Eine Gesellschaft kann auf der Grundlage einer humanen Einstellung sowie ihrer konkreten Hilfen geradezu darüber befinden, wieviele ihrer Mitglieder als relativ von der Norm des Gesunden und Leistungsfähigen abweichend anzusehen sind und wieviele von diesen in die sozialen Bezugssysteme Familie, Schule, Beruf und Öffentlichkeit eingegliedert werden können.

1.4 Behinderungsbegriff und sozialrechtliche Zweckbestimmung

Die bisherige Darlegung dürfte deutlich gemacht haben, daß die Erörterung des Behinderungsbegriffs nicht ein terminologisches Glasperlenspiel für Experten ist. Schließlich geht es um sehr handfeste Hilfezuweisungen, die mit der Verleihung des Behindertenstatus versehen sind. Indessen ist der Behinderungsbegriff ambivalent. Er bedeutet nicht nur Hilfe, Schutz und Anerkenntnis der besonderen Bedürftigkeit des Behinderten, sondern zugleich seine Besonderung, in vielen Fällen seine Diskriminierung.

Der Status des Behindertseins ist nicht in erster Linie eine Eigenschaft des Individuums, als vielmehr ein soziales Etikett. Behindert wird man letztlich durch einen amtlichen Stempel. Ein Schüler ist erst dann ›pädagogisch behindert‹, wenn ihm per schulbehördlichem Verwaltungsakt bescheinigt wird, daß er in der allgemeinen Schule nicht hinreichend gefördert werden kann (Ständige Konferenz der Kultusminister 1972, 7). Bis zu diesem Zeitpunkt war er nicht ›lernbehindert‹, ›verhaltensgestört‹ oder ›sprachbehindert‹. Zwar wäre es falsch anzunehmen, daß das dreijährige Kind nicht auch Merkmale erschwerten Lernens, auffälligen Verhaltens oder verzögerter Sprachentwicklung aufweisen kann. In diesem Fall sagen wir aber, daß das Kind langsam lernt, sich motorisch unruhig gibt und nicht altersgemäß spricht. Erst mit der amtlichen Feststellung wird der schulorganisatorische Status von Behinderung gleichsam als ontologische Kategorie, als Seinsbestimmung, verliehen. Behinderung ist ein sozialrechtlicher Begriff.

Was das im einzelnen bedeutet, soll in den verschiedenen Zweckdefinitionen von Behinderung herausgearbeitet werden.

Der Begriff der Behinderung ist – so war schon gesagt worden – von einem handlungsgeleiteten Erkenntnisinteresse zweckbestimmt. Interessengruppen, die von Behinderten sprechen, meinen damit nicht immer dasselbe. Ihre Bezeichnungsabsicht ist zweckgebunden. So will der Arzt Behinderte heilen, der Pädagoge erziehen, der Berufsberater für eine angemessene Beschäftigung sorgen, der Pastor Seelsorge betreiben. Das übergeordnete Sozialrecht definiert Behinderte als der sozialen Hilfe bedürftig.

Die Einsicht von der Zweckbestimmtheit des Begriffs Behinderung hat sich inzwischen in weiten Teilen der Sozialpolitik durchgesetzt. Frühere, traditionell medizinisch orientierte Einteilungen gehen von einem kausalen Behinderungsbegriff aus: Jemand ist behindert, weil er eine Querschnittlähmung, einen Hörschaden, eine Geisteskrankheit hat. Die Einteilungen der Gesundheitsämter sowie die Rehabilitationssystematik entsprechen vielfach noch dem medizinischen Klassifikationssystem von Behinderung. Sozialpolitisch dagegen werden unter dem abstrakten Oberbegriff Behinderung verschiedene Zielgruppen zusammengefaßt, die trotz beträchtlicher Unterschiedlichkeiten zwischen dem schwer geistig Behinderten, der keiner beruflichen Beschäftigung nachgehen kann, und dem blinden ›Geistesarbeiter‹ alle eines gemeinsam haben, nämlich irgendwelcher sozialer Hilfen zu bedürfen. Dieser finale Begriff von Behinderung dient als »gesetzes- und verwaltungstechnischer Begriff zu verteilungspolitischen Zwecken« (von Ferber 1976, 419). So finden sich im Bundessozialhilfegesetz (BSHG) im § 39 Definitionen, wer »behindert« und »von Behinderung bedroht« ist und deshalb einen Rechtsanspruch auf Eingliederungshilfe hat.

Den Schlüsselbegriff für die Sozialgesetzgebung in bezug auf Behinderte bildet der »Grad der Behinderung« (GdB; zuvor, bis 1986, »Minderung der Erwerbsfähigkeit«, MdE). Der GdB ist durch das Bundesversorgungsgesetz (§§ 30 und 34) festgelegt, das nachfolgende Gesetze regelt. So heißt es im Schwerbehindertengesetz (SchwbG) im § 1: »Schwerbehindert im Sinne dieses Gesetzes sind Personen, die körperlich, geistig oder seelisch behindert und in Folge ihrer Behinderung in ihrer Erwerbsfähigkeit nicht nur vorübergehend um wenigstens 50 von Hundert gemindert sind.« Die amtliche Feststellung des GdB geschieht durch die Versorgungsämter aufgrund von Anhaltspunkten, die vom Arbeits- und Sozialministerium für die ärztliche Gutachtertätigkeit im Versorgungswesen herausgegeben wurden. Mit diesem Verfahren ist eine weitgehende Beschränkung auf medizinische Gesundheits- bzw. Krankheitskriterien vorgegeben. Der GdB wird zu einem Meßinstrument, das einen Mangel an funktionaler Intaktheit, an körperlichem, geistigem und seelischem Vermögen ausdrückt. Er attestiert dem Behinderten lediglich im Vergleich zu dem für das jeweilige Lebensalter typischen Zustand ein gewisses Maß an Funktionsverlusten. Dieses Maß kann trotz differenzierter GdB-Tabellen grundsätzlich nur geschätzt werden. Der GdB ist in Sätzen von Hundert angegeben, die durch zehn oder ausnahmsweise durch fünf teilbar sind. Ein hauptsächlicher Kritikpunkt ist, daß der GdB nicht, wie es zu vermuten wäre, eine tatsächliche Fähigkeit zum Verdienen des Lebensunterhalts anzeigt. So gibt es Behinderte, die auf einem anspruchsvollen Dauerarbeitsplatz Ausgezeichnetes leisten. Bei Kindern und Jugendlichen sowie bei alten Menschen ist die Angabe einer Minderung der Erwerbsfähigkeit kaum nachvollziehbar, wenn nicht widersinnig. Sie wird indessen aus sozialrechtlichen Gründen der Hilfezuweisung auch hier ausgesprochen. Dadurch mißt der GdB »zwar in etwa das gleiche, aber durchaus nicht immer dasselbe« (Thust 1980, 18).

Das Beispiel der GdB-Zumesssung erhellt, wie schwer es ist, eine sozial gerechte Einschätzung der Behinderung im Einzelfall vorzunehmen. Letztlich stellt die Verleihung des Behindertenstatus eine ambivalente Entscheidung, eine schwierige Gratwanderung dar. Die soziale Hilfe ist deshalb doppelgesichtig, weil sie Unterstützung und Lebenserleichterung gewährt und zugleich diskriminiert. Wem eine Minderung der Erwerbsfähigkeit bescheinigt wird, der erfährt eine erhebliche Einbuße an Selbstwertgefühl und unter Umständen auch eine objektive Erschwerung seiner beruflichen Chancen, zugleich aber kann er steuerliche Vergünstigungen, finanzielle Aufwendungen und Erstattungen in Anspruch nehmen. Eine Anordnung des Verwaltungsrates der Bundesanstalt für Arbeit über die Arbeits- und Berufsförderung Behinderter (AReha) ermöglicht es, Jugendlichen mit körperlichen, geistigen und seelischen Behinderungen das Attest einer ›beruflichen Behinderung‹ zu verleihen, das auf der einen Seite zwar die Bewerbung auf dem freien Ausbildungsstellenmarkt einschränkt, auf der anderen Seite aber günstigere Ausbildungschancen etwa in einem Berufsbildungswerk für Behinderte vermittelt.

Die Komplexität einer handlungsorientierten Begriffsbildung von Behinderung läßt erwarten, daß sich die Unsicherheiten auch in der amtlichen Behindertenstatistik niederschlagen. So wie es keinen allgemeingültigen Begriff von Behinderung gibt, so gibt es auch keine exakten Angaben darüber, wieviel Behinderte in der Bundesrepublik Deutschland überhaupt zu zählen sind. Dies entspricht im übrigen der internationalen Lage.

Die Schwierigkeiten einer zuverlässigen statistischen Zählung von Behinderten sind – neben der grundsätzlichen Fragwürdigkeit der Abgrenzungskriterien – methodisch bedingt. Zur Erfassung der Vorkommenshäufigkeiten stehen vier Verfahren zur Verfügung (vgl. Rath 1985, 39f.): Tests, mündliche und schriftliche Befragungen, Dokumentenanalyse (Geburtsurkunden, Krankenblätter) und Registerauswertung (Meldelisten der Gesundheitsämter). Die Nachteile der einzelnen Methoden können zwar durch Methodenkombination teilweise neutralisiert werden; ihre Aufwendigkeit steht jedoch kaum in einem angemessenen Verhältnis zum ungenauen Ertrag. Es kommt hinzu, daß von den jeweiligen Interessen her (medizinische, sozialgesetzgeberische, pädagogische Absichten) unterschiedliche Behindertenkategorien und Toleranzschwellen hinsichtlich des Schweregrades einer Beeinträchtigung in Ansatz gebracht werden. In den sich überschneidenden und widersprüchlichen Behindertenstatistiken werden zudem unterschiedliche Altersklassen zugrundegelegt. Ein Beispiel dafür liefert die pädagogische Statistik der in Sonderschulen befindlichen behinderten Kinder. In 1987 wurden 4,18 % der Schüler in den Klassenstufen 1 bis 10 in Sonderschulen beschult, davon 2,45 % Lernbehinderte. In allen anderen Statistiken über Behinderungen im Vorschul- und Erwachsenenalter fehlen diese Zahlen (Sekretariat der Kultusministerkonferenz 1987).

Infolgedessen operieren viele statistische Angaben mit der Annahme von Dunkelziffern. So rechneten die amtlichen Statistiken bis 1979 mit etwa 4 Millionen behinderter Bundesbürger und mit einer weiteren Dunkelziffer von etwa 1 Million. Eine Studie des Socialdata-Instituts für Gesundheits- und Kommunikationsforschung veröffentlichte im Auftrag der Bundesregierung 1985 Zahlen, die für das damalige Bundesgebiet auf 7,8 Millionen hochgerechnet werden. Hierbei ist wiederum eingeräumt, daß davon etwa 25 % nicht amtlich als Behinderte anerkannt sind. Im strengen Sinne sind sie deshalb nicht behindert. Eine realistische Annahme kann davon ausgehen, daß die Zahl der Behinderten in der heutigen Bundesrepublik Deutschland über alle Altersklassen hinweg – je nach Zählungsweise – zwischen 5 und 7 Millionen liegt (vgl. Behinderte in der Bundesrepublik Deutschland 1985).

2. Behinderung als pädagogisches Problem

2.1 Behinderung als intervenierende Variable der Erziehung

Der Komplexität des Sachverhalts Behinderung war dadurch Rechnung zu tragen, daß die pauschale Bezeichnung Behinderung weiter differenziert wurde. Dabei unterschieden wir Gebiete, auf denen die Schädigung folgenreich für den Betroffenen wird. Eine solche Konsequenz liegt auch in pädagogischer Hinsicht vor, wenn ein Kind aufgrund seiner Behinderung nicht mit den ›üblichen‹ Mitteln erzogen und unterrichtet werden kann. Wir nähern uns mit dieser Beschreibung einem Begriff der Behinderung, der für die Pädagogik der Behinderten zentrales Bestimmungsmoment ist.

Bildlich gesprochen ›unterbricht‹ die Behinderung zunächst den Vorgang der Erziehung: Der blinde Schüler kann die Tafel nicht sehen, auf der der Lehrer für die übrigen Schüler der Klasse etwas anschreibt. Der Gehörlose ist in buchstäblichem Sinne nicht ›ansprechbar‹. Der Geistigbehinderte besitzt nicht die Aufnahmefähigkeit, die für das Erlernen bestimmter Kulturfunktionen erforderlich erscheint. In einem der frühesten Versuche einer wissenschaftstheoretischen Grundlegung der Heilpädagogik hat Heinrichs (1931, 21) daher das Wesen dieser Pädagogik dadurch zu bestimmen gesucht, daß sie den abgerissenen, defekten Erziehungsprozeß geradezu wiederherstellen müsse. Heilpädagogik sei die Theorie des beschädigten Erziehungsvorganges, und ihre Aufgabe sei die »Therapie des Erziehungsdefekts«.

Diese Analyse erscheint zwar formalistisch überspitzt: Der Erziehungsvorgang kann nicht abreißen, ›gestört‹ sein: das anzunehmen wäre pädagogischer Defätismus. Es kommt vielmehr darauf an, wie es Moor ausgedrückt hat, Bildung und Erziehung auch angesichts »erschwerter Bedingungen« durchzuhalten: »Was heißt Erziehung angesichts der eingeschränkten Lebensmöglichkeiten eines entwicklungsgehemmten Kindes?« (1974, 269).

Nichtsdestoweniger dürfte damit ein Kerngedanke des pädagogischen Behinderungsbegriffs getroffen sein: Behinderung ist eine »intervenierende Variable des Erziehungsvorgangs« (Bleidick 1984, 196). Gemeint ist damit, daß die Behinderung die Lernbedingungen in entscheidender Weise verändert. Aus diesem Sachverhalt bezieht die Sondererziehung ihren Auftrag. Mit der Erschwerung des Lerngeschehens soll nämlich nicht gesagt sein, daß ein Defekt, ein Mangel, eine funktionelle Störung die Ziele der Erziehung und des Unterrichts dauerhaft verstellen oder ihr Erreichen unmöglich machen. Man kann das so definieren: Ein pädagogischer Begriff von Behinderung liegt dann vor, wenn sich der Educandus aufgrund seiner Behinderung nicht mit den ›üblichen‹ Mitteln erziehen und unterrichten läßt und spezieller, ›besonderer‹ pädagogischer Verfahrensweisen bedarf.

Unterricht und Erziehung des Behinderten sind erschwert. Sie unterliegen besonderen Bedingungen. Hierbei wird der Begriff Erziehung mitunter in zweifacher Weise gebraucht. Im weiteren Verstande meint Erziehung die Zusammenfassung aller beeinflussenden Maßnahmen, mit denen Ältere auf Jüngere als noch zu Erziehende einwirken. Behinderung als intervenierende Variable des Erziehungsvorgangs bezeichnet mithin die Gesamtveränderung der pädagogischen Förderung. Im engeren Sinne tritt der Begriff Erziehung darüber hinaus dann auf, wenn Unterricht und Erziehung gegenübergestellt werden. Unterricht meint hier den Bildungsvorgang, der im engeren Sinne als Lernen umschrieben wird. Erziehung meint die Führung zur Mündigkeit, womit soziale Selbständigkeit und soziale Eingliederung gemeint sind.

Auf diese Zweigliederung der pädagogischen Hauptbegriffe hat eine verbreitete Definition des Deutschen Bildungsrates abgehoben (1973, 32): »Als behindert im erziehungswissenschaftlichen Sinne gelten alle Kinder, Jugendlichen und Erwachsenen, die in ihrem Lernen, im sozialen Verhalten, in der sprachlichen Kommunikation oder in den psychomotorischen Fähigkeiten so weit beeinträchtigt sind, daß ihre Teilhabe am Leben der Gesellschaft erschwert ist. Deshalb bedürfen sie besonderer pädagogischer Förderung.« An der Definition des Deutschen Bildungsrates ist wesentlich, daß sie die pädagogische Förderung Behinderter nicht auf das Kindes- und Jugendalter beschränkt, sondern bis auf erwachsenenpädagogische Aufgaben hin ausdehnt. In bezug auf die pädagogisch relevanten Auswirkungen der Behinderung werden vier Gebiete genannt: Lernen, Sozialverhalten, Sprache, Motorik. Aufs erste könnte man vermuten, daß hiermit Gruppen von Schülern in Sonderschulen aufgezählt wären: Lernbehinderte, Verhaltensgestörte, Sprachbehinderte, Körperbehinderte. Gemeint sind indessen durchgängige Auffälligkeiten und Erschwerungen, die man bei allen Behinderten unter pädagogischem Aspekt antrifft.

In dem Sinne ist der Begriff ›lernbehindert‹ kein Spezifikum der Bezeichnung einer Zielgruppe von Schülern der Schule für Lernbehinderte. Auch Schwerhörige sind aufgrund der Beeinträchtigung in der auditiven Rezeption und Verarbeitung in ihren Lernprozessen beeinträchtigt; sie sind – freilich im weiteren Sinne – lernbehindert (Becker 1984, 162: zur Terminologie der Geschädigtenpädagogik in der früheren DDR).

Als zweites pädagogisches Merkmal ist die Beeinträchtigung des sozialen Verhaltens genannt. Die Problematik der sozialen Beziehungen des Behinderten, der in der Gesellschaft Gefahr läuft, eine Außenseiterstellung einzunehmen, dürfte unmittelbar einsichtig sein. Demgegenüber stellen Auffälligkeiten der Sprache einschließlich ihrer kommunikativen Leistung sowie der psychomotorischen Fähigkeiten zwar häufige, aber nicht durchgängig vorkommende Erscheinungen dar.

Infolgedessen läßt sich eine vereinfachte Definition der Behinderung im pädagogischen Sinne vertreten: Als behindert im pädagogischen Sinne gelten Kinder, Jugendliche und Erwachsene, deren Lernen und deren soziale Eingliederung erschwert sind. Gegenstand der Behindertenpädagogik ist das Lernen und die soziale Eingliederung angesichts erschwerten Lernens und erschwerter sozialer Eingliederung.

2.2 Behinderung als funktionsbezogene Kategorie

In Ergänzung der bisherigen Ableitungen kann jetzt unter pädagogischem Aspekt gesagt werden, daß die Beschreibung der Behinderung unter medizinischen, soziologischen, psychologischen und sozialrechtlichen Gesichtspunkten noch keine Begründung für die Aufgabe der Erziehung liefert. ›Behindert‹ und ›Behinderung‹ sind – wie man in Anlehnung an Herbarts Forderung, daß sich die Pädagogik auf ihre einheimischen Begriffe besinnen müßte, sagen kann – keine einheimischen Begriffe der Pädagogik. Sie werden erst dann pädagogisch bedeutsam, wenn der Behinderte, der Gebrechliche, der Kranke oder der nach durchlaufenem Krankheitsprozeß invalide Mensch erzogen werden soll.

Die Beweisführung belegt zuletzt, daß man nicht-pädagogische Definitionen der Behinderung von der Verständnisweise einer pädagogisch relevanten Behinderung abheben muß. Nicht jedes Kind, das behindert ist, wird zum Objekt einer ›besonderen‹ pädagogischen Veranstaltung, sei es in schulorganisatorischer oder unterrichtlicher Hinsicht.

Als Beispiel mag ein körperbehindertes Kind stehen, das die allgemeine Schule besucht und dort eine adäquate Förderung erfährt, ohne daß zusätzliche spezielle Hilfen gegeben werden müssen. In diesem Fall zeigt sich, daß die Körperbehinderung keine folgenreichen Auswirkungen auf den Bildungsprozeß gehabt hat – die Behinderung ist pädagogisch nicht relevant geworden. Eine Behinderung wird gleichsam als intervenierende Variable des Bildungs- und Erziehungsvorgangs erst dann relevant, wenn sie den ›normalen‹ Prozeß des Lernens und der sozialen Eingliederung beeinträchtigt. Organisatorisch kann das zur Folge haben, daß das körperbehinderte Kind einer Sonderschule überwiesen wird; sie hat jetzt die Aufgabe, den unterbrochenen pädagogischen Vorgang (das Kind kam in der allgemeinen Schule nicht mit, wurde nicht ausreichend gefördert) wiederherzustellen bzw. erst in Gang zu bringen. Noch ein weiteres lehrt das Beispiel: Nicht die körperliche Schädigung selbst ist das Ziel einer unter Umständen ›heilpädagogischen‹ Maßnahme. Dieser Auftrag liegt vor den pädagogischen Bemühungen. Vielmehr geht es jetzt darum, die Auswirkungen der Behinderung auf das Lernen und die Sozialisation zu neutralisieren, den Behinderten trotz seiner dauernden Beeinträchtigung zu seiner Mündigkeit zu bringen.

Im pädagogischen Begriff der Behinderung liegt insofern eine Dynamik, ein Optimismus, die Lage des Behinderten durch Erziehung wesentlich zu verbessern. Dieser Impetus ist nicht zu unterschätzen. Von ihm lebt der Auftrag der Pädagogik der Behinderten. Auch gesellschaftspolitisch ist das von größtem Belang: Es müssen hinreichend Mittel und Maßnahmen bereitgestellt werden, das Entstehen von Behinderungen zu verhüten, alle medizinischen Hilfen auszuschöpfen.

Wo es zu einer Behinderung gekommen ist, bleibt der Erziehung die Aufgabe, ihren Auswirkungen soweit wie möglich zu begegnen.

Nach den bisherigen Ausführungen dürfte es eigentlich hinreichend klar sein, daß die Behinderung eines Schülers, wie sie im medizinischen und sozialrechtlichen Sinne des GdB festgestellt wird, noch kein zwingendes Bestimmungskriterium im pädagogischen Sinne liefert. Eine solche Beziehung wird allerdings sowohl in der Öffentlichkeit als auch in unzureichend informierten pädagogischen Fachkreisen fälschlicherweise immer wieder unterstellt. Der mißverständliche Begriff der ›Sonderschulbedürftigkeit‹ bildet das Vehikel für solche Annahmen.

Ebenso wie nicht jedes Kind, das behindert ist, zum Anlaß einer sonderpädagogischen Maßnahme wird, so wenig besteht eine zwangsläufige Verbindung von Behindertsein und Pflicht zum Besuch einer Sonderschule. Diese Einsicht ist keineswegs erst aufgekommen, seitdem gewisse bildungspolitische Präferenzen den gemeinsamen Unterricht behinderter und nichtbehinderter Schüler in allgemeinen Schulen betonen. Die Hälfte aller als sehbehindert, schwerhörig, körperbehindert oder sprachbehindert diagnostizierten Kinder hat nie eine Sonderschule besucht.

Allerdings ist dem Mißverständnis dadurch amtlich Vorschub geleistet worden, daß die offizielle Bildungsplanung lange Zeit »prozentuale Anteile von Sonderschulbedürftigen« angenommen hat (Ständige Konferenz der Kultusminister 1972, 8). Auf diese Weise wird eine institutionelle Zuschreibung präjudiziert – so als ob es Prozentanteile von Schulzugehörigkeiten bei Gymnasiasten, Realschülern, Hauptschülern und Sonderschülern gäbe und als ob dies sozialpolitisch erwünscht sei.

Der Wandel des Behindertenbegriffs von einer institutionenbezogenen zu einer funktionsbezogenen Kategorie (Speck 1988, 112) nimmt allerdings nicht nur eine längst fällige Begriffsrevision vor. Dahinter steht die gewandelte Auffassung, daß die Institution, an der die pädagogische Förderung von Behinderten erfolgt, nicht festgeschrieben werden darf und für flexible schulorganisatorische Lösungen und künftige Entwicklungen offen bleiben sollte. Für diesen sensibilisierten Umgang mit pädagogischen Behinderungsbegriffen gibt es seit dem englichen Warnock-Report von 1978 ein internationales Vorbild: Kinder haben »special educational needs«, einen speziellen Erziehungsbedarf. Besondere Bedürfnisse können viele Kinder haben: ›Normale‹, Ausländer mit Sprachschwierigkeiten, Schüler mit Schulversäumnissen, Kranke und eben auch Behinderte. Die bundesrepublikanische Kultusministerkonferenz beginnt sich seit ihrer 110. Amtschefskonferenz von 1988 dem neuen Sprachgebrauch anzuschließen, indem sie von »Schülerinnen und Schülern mit sonderpädagogischem Förderbedarf« spricht (Bleidick/Rumpler 1989).

Der Sachverhalt spielt indessen nicht nur auf der institutionellen Ebene. Er kennzeichnet oftmals auch unser kommunikatives Verhalten. So gibt es gleichsam Stufen des verantwortlichen, funktionsbezogenen Wortgebrauchs:

- Werner behält Lerninhalte nicht.
- Werner lernt langsam.
- Werner ist lernschwach.
- Werner hat eine Lernbehinderung.

Die verbale Eskalation ist im Austausch der Modi sichtbar: verbal – adverbial – adjektivisch – substantivisch. Sie bezeichnen logisch Abstraktionsgrade, psychologisch Niveauebenen des Verhaltens, sozialpsychologisch Etikettierungsvorgänge, mit denen wir dem Individuum eine Eigenschaft als persönliches Merkmal verleihen. Es gibt unzählige Beispiele für solche ›ontologisierenden‹ Sätze, die den Geschädigten mit einem Behindertenstatus versehen und ihn damit unter Umständen unnötig diskriminieren: ›lernbehindert‹, ›verhaltensgestört‹, ›neurotisch‹, ›asozial‹, ›kriminell‹. Es kommt hinzu, daß sie damit institutionelle Zuweisungen mitunter ungewollt in die Wege leiten: Wer lernbehindert ist, gehört in eine Schule für Lernbehinderte. Eine solche Gleichsetzung ist unerwünscht, und sie kann Betroffenen schaden. Die Behindertenpädagogik verrät sich durch ihre Sprache, und wenn sie ihre terminologischen Bestimmungen unter Kontrolle hält, beeinflußt sie damit auch ihre Einstellung.

3. Das Bildungswesen für Behinderte

3.1 Übersicht über das gegenwärtige Bildungswesen für Behinderte

Das Bildungswesen für Behinderte läßt sich nach den Abschnitten des Lebenslaufs ordnen:
- Frühbereich (0–3)
- Elementarbereich (3–6)
- Schulbereich (6–15/18)
- Berufs- und erwachsenenbildender Bereich (ab 15/18).

3.1.1 Frühbereich

Frühpädagogische Maßnahmen beziehen sich auf das Lebensalter 0–3 Jahre. Wir unterscheiden Früherfassung, Früherkennung, Frühbehandlung, Früherziehung. Früherkennung bzw. Frühdiagnose von Krankheiten oder drohenden Behinderungen stellen nicht nur eine instrumentell-diagnostische Aufgabe dar. Das entscheidende Problem ist politisch-rechtlicher Art. Eine Meldepflicht für Behinderungen würde die Chancen für eine lückenlose Erfassung und somit eine rechtzeitige Behandlung und Förderung erhöhen.

In der Bundesrepublik Deutschland besteht eine Mitteilungspflicht bestimmter Personenkreise gegenüber dem Gesundheitsamt. Hebammen und andere Medizinalpersonen, ferner Lehrer, Sozialarbeiter, Kindergärtnerinnen und Hortnerinnen, die bei Ausübung ihres Berufs eine Behinderung oder eine drohende Behinderung gemäß § 124 Abs. 1 BSHG feststellen, sind bei geschäftsunfähigen oder beschränkt geschäftsfähigen Behinderten oder von einer Behinderung Bedrohten verpflichtet, die Personensorgeberechtigten unter Hinweis auf ihre Pflicht zur ärztlichen Behandlung anzuhalten. Im Weigerungsfall ist das zuständige Gesundheitsamt zu benachrichtigen. Ärzte betrifft eine solche Verpflichtung nicht. Sie haben nur eine Aufklärungspflicht gegenüber Behinderten oder Personensorgeberechtigten und das Recht zur Unterrichtung des Gesundheitsamts.

Die mit dieser Regelung angestrebte Früherfassung von Behinderungen wird weitgehend für unbefriedigend gehalten. In der Zeit von 1933 bis 1945 gab es im damaligen Deutschen Reich eine Meldepflicht und ein namentliches Erfassungssystem für Behinderte. Die historischen Erfahrungen aus der Zeit des Nationalsozialismus, verbreitete eugenische Maßnahmen (Zwangssterilisation) und die Euthanasie an behinderten Anstaltsinsassen haben in der rechtspolitischen Diskussion der Nachkriegszeit den weithin übereinstimmenden politischen Willen hervorgebracht, eine Meldepflicht für Behinderte nicht in die Gesetzgebung aufzunehmen.

Die Gesundheits- und Bildungspolitik in der Bundesrepublik ist im Früh- und Elementarbereich angebotsorientiert. Seit 1977 hat der Bundesgesetzgeber Richtlinien für insgesamt acht Vorsorgeuntersuchungstermine vom Neugeborenenalter bis zum Ende des 4. Lebensjahres erlassen. Die Maßnahmen zur Frühdiagnose und Frühbehandlung von Behinderungen werden von den gesetzlichen Krankenkassen getragen und nach anfänglich zögernder Nachfrage inzwischen von 90 % der Anspruchberechtigten genutzt. Es stehen neben ca. 3 000 niedergelassenen Kinderärzten 60 sozialpädiatrische Einrichtungen und rund 400 Frühförderstellen zur Verfügung (Der Bundesminister für Arbeit und Sozialordnung 1989).

Frühbehandlung und Früherziehung markieren die beiden Schwerpunkte medizinischer und pädagogischer Aktivitäten der Frühförderung. Hinsichtlich der Letztverantwortung für die Gestaltung der Maßnahmen gibt es zahlreiche Kompetenzdiskussionen unter der Alternative ›Kinderarzt oder Pädagoge‹. Die Schwierigkeiten bestehen in dem höheren Fachprestige, das der Arzt als Anlaufstelle für die Beratung der Eltern besitzt, und in dem Umstand, daß er im Rahmen der Konsultationen selbst nicht fördernd tätig ist, vielmehr seine Behandlungsanweisung delegieren muß. In welcher Weise die Aufgabenverteilung auf Pädiater, Kinderpsychiater und pädagogische Frühberatungsdienste kooperativ verteilt werden kann, haben die Länder Bayern und Baden-Württemberg in zahlreichen Erlassen zur Frühförderung entwicklungsgefährdeter Kinder demonstriert (Weiß 1989).

Momentan besteht noch eine erhebliche Diskrepanz zwischen dem Wissen um die Notwendigkeit der Früherziehung und ihrer institutionellen Verwirklichung. Die ersten Lebensjahre sind durch eine große Offenheit und Prägbarkeit gekennzeichnet. Dies gilt auch für geschädigte und entwicklungsrückständige Kinder. Wird trotz ihrer mitunter gestörten oder blokkierten Lernfähigkeit die frühkindliche Phase sensibler Beeinflußbarkeit nicht genutzt, so verfestigen sich die Entwicklungsverzögerungen zu irreversiblen Behinderungen: Im System der Haus-Sprach-Erziehung bei gehörlosen Kleinkindern konnte z.B. nachgewiesen werden, daß das gehörlose Kind die Sprache von den Mundbewegungen der Mutter besser und zeitgerechter abliest als in allen späteren Sprachanbildungsversuchen in Kindergarten und Schule. Der Aufbau von ›künstlicher‹ Sprache wird in früher Zeit grundgelegt; bleibt diese Lernphase ungenutzt, so wird nicht nur die spätere Sprachvermittlung enorm erschwert, vielmehr bleibt auch die kognitive Entwicklung als Folge mangelnder verbal-intelligenter Durchdringung zurück. Auch die psychosozialen Sekundärerscheinungen eines kommunikativ isolierten, ›taubstummen‹ Menschen müssen dann negativ in Rechnung gestellt werden. Um ein zweites Beispiel anzuführen: Das geistigbehinderte Kind wird in der Schule nur unter sehr erschwerten Bedingungen lernen können, wenn nicht schon im Elternhaus die Spielphase des Kleinkindes für Lernanforderungen im sensorischen und motorischen Bereich genutzt wird. Die Gefahr der Unterforderung, der Verwöhnung und der Fehlerziehung liegt bei behinderten Kindern besonders nahe. Die auffälligen Symptome ihres späteren Fehlverhaltens sind dann weniger genuine Erscheinungsweisen der Behinderung als vielmehr psychodynamische Signale von unangepaßten Reaktionsbereitschaften, die in frühkindlicher Zeit erworben sind. Es gibt heute, z.B. im Bereich der Förderung Geistigbehinderter, sehr konkrete und differenzierte Früherziehungsprogramme für Säuglinge und Kleinkinder, die als Anleitung für Eltern und Betreuungspersonal genutzt werden können (Speck/Thurmair 1989).

3.1.2 Elementarbereich

In der Organisation des Bildungswesens wird der spätere Bereich der Vorschule von 3–6 Jahren als Elementarbereich bezeichnet. Unter den Aspekten gezielter sonderpädagogischer Förderung kommt es in dieser Phase vor allem darauf an, gefährdeten und sozial benachteiligten Kindern günstigere Startbedingungen für den Eintritt in die Grundschule zu verschaffen, um ihnen ein besseres Durchlaufen der späteren Stufen der Institution Schule zu gewährleisten. Bereits geschädigte Kinder, die im Sinne der allgemeinen ›Grundschulreife‹ nicht schulfähig werden und auf einen Sonderschulbesuch vorbereitet werden müssen, erfahren ebenfalls eine Verbesserung ihrer kognitiven, emotionalen und sozialen Lernvoraussetzungen, wenn sie statt einer Rückstellung vom Schulbesuch in Vorschuleinrichtungen oder Schulkindergärten für Behinderte beschult werden.

An der Wandlung des tradierten, von einer statischen Begabungs- und Reifungsvorstellung abhängenden Schulreifebegriffs zu der Auffassung, daß Schulfähigkeit nur durch gezieltes Training der dabei abgeforderten Funktionen erlangt werden kann, wird die Kehrtwendung einer lange vorherrschenden pädagogischen Grundauffassung deutlich. So wie Begabung und Lernleistung in hohem Maße das Resultat bisheriger Lernprozesse sind, so ist Lernversagen und Leistungsschwäche mit steigendem Alter immer auch ein kumulatives Defizit an Lernerfahrungen, das keine spätere ›Therapie‹ und ›Nachhilfe‹ entscheidend zu korrigieren vermag.

Diese Zusammenhänge haben die in der Reformphase der Bildungspolitik in die sogenannte Kompensatorische Erziehung gesetzten Erwartungen deshalb enttäuscht, weil man zu viel erwartete (vgl. Bronfenbrenner 1972). Der Optimismus kompensatorischer Programme ging davon aus, daß es in Anbetracht einer nicht frühzeitig festgelegten Begabungshöhe und angesichts der großen Formbarkeit der kindlichen Entwicklung gelingen könne, milieubedingte Benachteiligungen durch ein rechtzeitiges Bildungsangebot auffangen zu können. Nicht zuletzt die scheinbar sehr geringen Resultate amerikanischer Programme, deren Effekte nach Schuleintritt bei den so beschulten Kindern weitgehend wieder verlorengingen, haben vorschnelle Kritik an den Grundlagen Kompensatorischer Erziehung überhaupt hervorgerufen. Sie führten im großen ganzen zu der Rücknahme auf die realistische Zielsetzung einer höheren Startchancengerechtigkeit beim Schuleintritt gegenüber der ideologisch belasteten Vokabel Chancengleichheit, mit der man ursprünglich schichtspezifische Unterschiede der sozialen Herkunft glaubte, eliminieren zu können.

Hinter dem Problem einer bildungspolitisch verantwortlichen und zugleich lerneffektiven Kompensatorischen Vorschulerziehung verbergen sich gesellschaftstheoretische, didaktische und psychologische Fragen. Letztlich ist das Eintreten für ein Auffangen milieubedingter Bildungshindernisse ein Erfordernis demokratischer Gesellschaftsentwicklung. In der didaktischen Konkretisierung bleibt dann aber ungelöst, was kompensiert werden soll: Der Annahme, daß Kinder aus unteren und untersten Sozialschichten Defizite haben, weil ihre verzögerte Sprachentwicklung auf restringierte, beschränkte Sprachcodes (Bernstein) zurückgehe und damit die Intelligenz beeinträchtige, steht die linguistische Differenzhypothese gegenüber, daß ›Unterschichtkinder‹ in unserer Schule als ›Mittelklasseinstanz‹ nur deshalb benachteiligt seien, weil die Andersartigkeit ihres kontextualen Sprechens und Denkens nicht zum Tragen komme. Aus dem Grunde haben sich die Bildungsinhalte und Förderkonzepte der Vorschulerziehung inzwischen von einseitigen Sprachtrainingsprogrammen zugunsten einer breiten Ausbildung auch der musisch emotionalen, motorisch-gestalterischen und praktisch-kognitiven Fähigkeiten von Schulanfängern gewandelt (Kautter u. a. 1988).

Überprüft man psychologisch unvoreingenommen die Effektivität der vorschulischen Förderung im Elementarbereich, so ist ein indirekter Beweis möglich, daß von Lernbehinderung, Sprachentwicklungsverzögerung und Verhaltensstörung bedrohte Kinder zwar nicht ihre sozialbedingten Retardationen vollständig aufholen, daß aber nicht geförderte Kontrollgruppen eher in Sonderschulen überwiesen werden, wenn keine prophylaktische Förderung erfolgt. Ferdinand (1971) konnte nach halbjährigem Vorklassenunterricht bei 5–6jährigen Kindern aus untersten Sozialschichten nachweisen, daß unterrichtete Kinder kurzzeitig 5,1 und langfristig 8,4 IQ-Punkt-Steigerungen aufweisen, während die Intelligenz sozialrückständiger, nicht betreuter Kinder zuerst um 4,1 und später um 6,8 IQ-Punkte absank. Kompensatorische Erziehung vermag demnach bei einem Teil von potentiell lernbehinderten Kindern soweit präventiv zu wirken, daß sie nicht in Sonderschulen aufgenommen werden müssen.

Neben überregionalen Diagnose- und Beratungszentren in den Flächenstaaten sind in allen Bundesländern Sonderkindergärten und Sonderkindertagesheime auf einzelne Behinderungsarten (insbesondere für Sehgeschädigte, für Hör- und Sprachgeschädigte und Körperbehinderte) spezialisiert. In 1989 zählt der zweite Rehabilitationsbericht der Bundesregierung 916 Sonderkindergärten für 3–6jährige Kinder mit Behinderungen und 20400 Plätzen auf. Etwa 20000 behinderte Kinder besuchen darüber hinaus allgemeine Kindergärten. Diese Zahlen täuschen aber darüber hinweg, daß im Elementarbereich ein erhebliches Defizit an pädagogischen Angeboten besteht. Etwa ein Drittel der Kinder im Vorschulalter besuchte in den damaligen Ländern der Bundesrepublik Deutschland keinen Kindergarten. Zumal sozial schlechtergestellte Familien können das kostenaufwendige Angebot privater selbstfinanzierter Kindergärten nicht nutzen. Der Mangel an öffentlichen Kindergartenplätzen trifft besonders die von Behinderung bedrohten Kinder, die in der Grundschule versagen oder später Schulen für Lernbehinderte besuchen. Eine verbesserte pädagogische Versorgung im Elementarbereich würde die Anzahl der im Schulalter pädagogisch auffällig werdenden Kinder merklich verringern.

Gegenüber den bisherigen sozial- und bildungspolitischen Planungen, die einen verstärkten Ausbau sonderpädagogischer Einrichtungen (insbesondere Sonderkindergärten) ausschließlich für behinderte Kinder forcierten, hat sich eine Umorientierung vollzogen. Die Konferenz der Jugendminister der Bundesrepublik Deutschland hat in einem Beschluß 1985 ihrer Erwartung Ausdruck gegeben, daß »der Kindergarten als Elementarbereich des allgemeinen Erziehungs- und Bildungswesens zum Ort der gesellschaftlichen Eingliederung Behinderter wird« (Bericht 1985). Die Bestrebungen sind Ausdruck einer Entwicklung des Bildungswesens auf mehr ›Integration‹ hin, auf gemeinsame Erziehung behinderter und nichtbehinderter Kinder, die im Schulalter ihre Fortsetzung findet.

3.1.3 Allgemeinbildender Schulbereich

Sonderschulen sind besondere Bildungseinrichtungen zur Ableistung der allgemeinbildenden und – teilweise – der berufsbildenden Schulpflicht für behinderte Kinder und Jugendliche. Die einschlägigen Schulgesetze der Länder in der Bundesrepublik Deutschland regeln die Verpflichtung zum Sonderunterricht oder die ›Sonderschulbedürftigkeit‹ bei körperlich, geistig oder seelisch behinderten Kindern und Jugendlichen, die aufgrund dieser Behinderung in der allgemeinen Schule nicht hinreichend gefördert werden können. Neben der Sonderschulpflicht zum Besuch der geeigneten Schule existiert das Sonderschulrecht des Kindes und seiner Eltern, das die Träger öffentlicher Schulen zur Errichtung der betreffenden Schulen anhält. Schulrechtlich sind Sonderschulen somit besondere Formen des allgemeinbildenden Schulwesens.

Nach der ›Empfehlung zur Ordnung des Sonderschulwesens‹ der Ständigen Konferenz der Kultusminister der Länder in der Bundesrepublik Deutschland vom 16. 3. 1972 wird für die Schulart der einheitliche Begriff Sonderschule verwendet. Die Sonderschule als Schulart ist in zehn Sonderschultypen untergliedert (Tabelle 1). Mitunter werden Schulen für Kranke auch den Schulen für Körperbehinderte zugerechnet.

Sonderschulen
Schule für Blinde
Schule für Gehörlose
Schule für Geistigbehinderte
Schule für Körperbehinderte
Schule für Kranke
Schule für Lernbehinderte
Schule für Schwerhörige
Schule für Sehbehinderte
Schule für Sprachbehinderte
Schule für Verhaltensgestörte

Tabelle 1: Sonderschultypen

Schulorganisatorisch bildet die Sonderschule eine Schulart neben den Schularten Grundschule, Hauptschule, Realschule und Gymnasium sowie Berufsbildende Schulen. Es ist ferner hervorzuheben, daß die Sonderschule eine vierte vertikale Säule des Schulwesens darstellt (neben Grund- und Hauptschule, Realschule, Gymnasium). Sonderschulen selbst können aber nach dem Muster des allgemeinen Schulwesens auch horizontal gegliedert sein. So gehören zu einigen Sonderschultypen, etwa Blinden- und Sehbehindertenschulen, Gehörlosen- und Schwerhörigenschulen, weiterführende Schularten (Realschulzüge für Schwerhörige, Blinden-Studienanstalten usw.), die den Schülern die Chance geben, einen höheren Schulabschluß zu erreichen.

Der Zusammenhang macht deutlich, daß die Schule für Lernbehinderte und die Schule für Geistigbehinderte im gesamten Pflichtschulwesen eine organisatorische Sonderstellung einnehmen. Der verhaltensgestörte Schüler kann in seiner Schule den Hauptschulabschluß, der schwerhörige Schüler – wo dieses Bildungsangebot vorhanden ist – den Realschulabschluß erreichen. Für Lernbehinderte und Geistigbehinderte gilt dies nicht. Die beiden Sonderschultypen bilden somit das unterste Glied in der Hierarchie von Schularten.

Die Durchlässigkeit des Sonderschulwesens, in diesem Fall etwa der Rückschulung von Lernbehinderten in die Hauptschule bzw. der nachträgliche Hauptschulabschluß, ist deshalb zur Bereitstellung von Berechtigungen und Chancen für die ehemaligen Absolventen der Schule für Lernbehinderte ein wichtiges bildungspolitisches Anliegen (Ammann 1984; Frühauf 1986).

In der Regel sind Sonderschulen staatliche Einrichtungen. Schulen privater Trägerschaft, die historisch gesehen Schrittmacher staatlicher Einrichtungen waren, stehen unter staatlicher Aufsicht. Schulen in Heimen und Anstalten gehören ebenfalls zum Sonderschulwesen. Bei überregionalen Einzugsgebieten bestehen Mittelpunktschulen und Heime, die nach einer Fünftagewoche die Schüler nach Möglichkeit ins Elternhaus schikken, um die Verbindung zur Familie nicht abreißen zu lassen. Ein Teil der Sonderschulen wird als Ganztagsschulen geführt. Die Forderung geht dahin, weitere Sonderschulen räumlich und personell dahingehend auszustatten, daß sie als Ganztagsschulen eingerichtet werden können. Im Schuljahr 1987/88 befanden sich im damaligen Bundesgebiet in Sonderschulen 253 978 Schüler in ca. 26 000 Klassen mit ca. 35 000 Lehrern. Im prozentualen Anteil aller Schüler im allgemeinbildenden Schulpflichtalter von 6–15 Jahren ergeben sich bei den einzelnen Behinderungsarten folgende Zahlen (Sekretariat der Kultusministerkonferenz 1987):

Lernbehinderte	2,451
Blinde und Sehbehinderte	0,056
Gehörlose und Schwerhörige	0,140
Sprachbehinderte	0,301
Körperbehinderte	0,213
Geistigbehinderte	0,644
Verhaltensgestörte	0,216
sonstige Behinderte	0,159
insgesamt	4,18

Tabelle 2: Prozentuale Anteile von Schülern in Sonderschulen

Im Gebiet der seinerzeitigen DDR, mit einer nahezu übereinstimmenden Differenzierung des Sonderschulwesens, befanden sich in 1984 gegenüber 4,18 % Schüler in der ehemaligen Bundesrepublik 5,12 % Schüler in Sonderschulen (Bleidick 1990 a, 570).

Diese Zahlen vermitteln indes keine präzise Übersicht über die Vorkommenshäufigkeit einer pädagogischen Behinderung und die Anzahl der Schüler, die einer besonderen pädagogischen Förderung bedürfen. Um den Umfang der pädagogischen Aufgaben sichtbar zu machen, müssen zwei Bezugsgrößen hinzugerechnet werden: Zunächst besuchen auch Kinder und Jugendliche, denen im medizinischen Sinne eine Behinderung attestiert wird, allgemeine Schulen (s. o. 2.2). Die begleitende ambulante Hilfe für diese Schüler in allgemeinen Schulen erfolgt bisher nur in seltenen Fällen. Auf diesem Gebiet sind erhebliche Verbesserungen erforderlich (am Beispiel der Sehbehinderten: Rath/Appelhans 1985). Zum anderen ist in den letzten Jahren der Anteil der Schüler angestiegen, die aufgrund präventiver Maßnahmen in der Grundschule verbessert gefördert und nicht mehr in Sonderschulen überwiesen werden. In erster Linie handelt es sich hierbei um Lernbehinderte, deren Zahl – in absoluten Größen gemessen – von 1980 bis 1987 von 243 931 auf 143 280 zurückging, und die in der prozentualen Verteilung aller Schüler gegenüber früheren Jahren von 4,5 % auf ca. 2,5 % fiel.

Die Anzahl der integriert beschulten und als ›pädagogisch behindert‹ diagnostizierten Kinder und Jugendlichen, die in allgemeinen Schulen unterrichtet werden, fällt demgegenüber statistisch kaum ins Gewicht. Sie macht im Rahmen der laufenden Modellversuche zur Integration, auf die Quote aller Behinderten bezogen, folgende Prozentpunkte aus: Berlin 6,5 %; Hamburg 3,0 %; Niedersachsen 0,1 %; Nordrhein-Westfalen 0,33 %; Saarland 6,7 %. Die Zahlen belegen, wie schwierig die auf langfristige Entwicklungsperspektiven angelegte Umgestaltung des Schulwesens für Behinderte ist (Kanter 1991).

Dabei ist die Tatsache nicht zu übersehen, daß den Sonderschulen seit Jahren in zunehmendem Maße eine organisatorische und inhaltliche Neuorientierung ins Haus steht. Die ständig wachsende Anzahl von Kindern aus Gastarbeiter-, Umsiedler- und Asylantenfamilien stellt besonders die Schulen für Lernbehinderte und Geistigbehinderte vor umfassende neue, ebenfalls integrative Aufgaben. Daß bis zu 30 % der Schüler für

Lernbehinderte eine andere Muttersprache haben als ihre Mitschüler, ist keine Seltenheit mehr. Das führt zu einer erschwerten Lösung des schulischen Integrationsproblems (Schirmacher 1990).

3.1.4 Berufs- und Erwachsenenbildung

In der industriellen Gesellschaft sind ökonomischer Standard, soziales Ansehen und persönliche Zufriedenheit im wesentlichen an Arbeit und Beruf gebunden. Behinderte sind in der heutigen Situation eines tiefgreifenden Strukturwandels der Wirtschafts- und Arbeitswelt und angesichts konjunktureller Engpässe in hohem Maße von Armut und dauernder Arbeitslosigkeit bedroht; Schwerbehinderte sind fast ausschließlich auf staatlich subventionierte, geschützte Arbeitsplätze angewiesen. Diesem beschäftigungs- und sozialpolitischen Notstand wird mit zweifelsfrei erheblichen Anstrengungen begegnet. Eine demgemäß große Bedeutung wird der beruflichen Bildung Behinderter beigemessen. Die Ausbildung qualifizierter beruflicher Leistungsprofile zur Verbesserung der Beschäftigungslage steht im Mittelpunkt aller Anstrengungen (Der Bundesminister für Arbeit und Sozialordnung 1989; Bundesanstalt für Arbeit 1990).

Unter gesteigerten Anforderungen und erhöhtem Auslesedruck der Wirtschaft ist davon auszugehen, daß nach Absolvierung der allgemeinbildenden Schulpflicht beim Gros der behinderten Jugendlichen weder die Berufswahlreife noch die Berufsreife selbst gegeben sind. Deshalb werden heute bei ¾ der ehemaligen Sonderschüler der eigentlichen Berufsbildung berufsvorbereitende Maßnahmen vorgeschaltet (Kloas/Stenger 1980; Bleidick/Ellger-Rüttgardt 1982).

Berufsvorbereitende Maßnahmen existieren in zwei förderungsrechtlich voneinander unabhängigen Formen, die entweder den Kultusbehörden der Länder unterstehen oder von der Bundesanstalt für Arbeit finanziert werden. Die Kultusministerien unterhalten Berufsvorbereitungsjahre an Berufsschulen, in denen behinderte Jugendliche und noch nicht berufsreife Hauptschulabgänger propädeutisch in ein bis zwei Berufsfelder eingeführt werden. Die ein- bis zweijährigen berufsvorbereitenden Maßnahmen der Bundesanstalt für Arbeit sind nach Anforderungsniveau gestuft. Grundausbildungslehrgänge sind als Auffangstellen für Schulentlassene vorgesehen, die aus Mangel an Ausbildungsstellen noch keine Berufsausbildung aufnehmen können. Förderungslehrgänge sollen noch nicht berufsreife Jugendliche auf die betriebliche Ausbildung in einem Ausbildungsberuf vorbereiten. In den letzten Jahren hat etwa die Hälfte der jugendlichen Behinderten solche Kurse durchlaufen. Zuletzt dienen Lehrgänge zur Verbesserung der Eingliederungsmöglichkeiten dazu, leistungsschwächere Behinderte auf eine angelernte Betriebsreife in einer ungelernten Arbeitstätigkeit vorzubereiten.

Die berufliche Ausbildung findet auf dem freien Ausbildungsstellenmarkt oder in 34 anerkannten Berufsbildungswerken für Behinderte und in weiteren beruflichen Rehabilitationseinrichtungen statt. Das Berufsbildungswerk bietet eine umfassende sozialpädagogische Hilfe (Sozialdienst, ärztliche und psychologische Betreuung, Freizeitgestaltung, Internatsunterbringung), die mit der praktischen Ausbildung und dem theoretischen Lernort einer Sonderberufsschule unter einem Dach vereinigt ist.

Wenn trotz der breiten Auffangnetze berufsfördernder Maßnahmen und berufsbildender Anstrengungen die Mehrzahl der behinderten Jugendlichen auf das duale System der betrieblichen Ausbildung und der Berufsschule verwiesen wird, dann spricht das nur scheinbar für eine ›Normalisierung‹ der beruflichen Integration Behinderter. Diese verhältnismäßig hohe Quote normaler Ausbildungsgänge, in denen Behinderte zusammen mit Nichtbehinderten ausgebildet werden, entspricht dem Anteil behinderter Schüler in allgemeinen Schulen. Sie wird zudem durch eine scharfe Selektion zuungunsten der weniger Leistungsfähigen erreicht. Geistigbehinderte, mehrfach behinderte Seh-, Hör- und Sprachgeschädigte, die voraussichtlich auch nicht das Ausbildungsziel des Berufsbildungswerks erreichen, werden im Arbeitstrainingsbereich der Werkstatt für Behinderte so weit ausgebildet, daß sie einen beschützten Arbeitsplatz in der Werkstatt für Behinderte einnehmen können. Selbst diese Werkstatt ist durch die Werkstättenverordnung im Schwerbehindertengesetz von 1974 auf gewisse fachliche Anforderungen und auf ein »Mindestmaß verwertbarer Arbeitsleistung« festgelegt (Cramer 1981; Butzke/Bordel 1989).

Zur Verbesserung der Situation der Behinderten wird eine Ausnahmeregelung des Berufsbildungsgesetzes (§ 48 BBiG und § 42 b HwO) genutzt, die es erlaubt, Behinderte in geringer qualifizierten Werker- oder Helferberufen auszubilden. In 1988 bestanden 493 solcher Regelungen auf Kammerebene. Etwa jede dritte Berufsausbildung in Rehabilitationseinrichtungen wird derzeit nach Sonderregelungen durchgeführt.

Die Aufgaben der pädagogischen Förderung Behinderter enden nicht mit der Schulpflicht und der beruflichen Eingliederung. Viele Behinderte brauchen über Jahre hinweg, einige ihr ganzes Leben lang Schutz und pädagogische Hilfen sowie therapeutische Unterstützung. Die Forderung nach einer Erwachsenenbildung für Behinderte ergibt sich schon dadurch, daß die berufliche Bildung eine weitaus längere Lernzeit beim nicht berufsreifen Jugendlichen erfordert, ständiger Unterstützung und Wiederholungsphasen bedarf und bei den konjunkturell nicht krisenfesten Berufen mit Umschulungen zu rechnen hat. Erwachsene, die ihren bisherigen Beruf infolge einer eingetretenen Behinderung nicht mehr ausüben können, haben die Möglichkeit, an einer beruflichen Umschulung im Berufsförderungswerk teilzunehmen.

Der Behinderte selbst ist darüber hinaus den Anforderungen und Belastungen der Gesellschaft in einer gewissen Weise weniger selbständig und schutzlos ausgeliefert. Er verlangt zusätzliche Lebenshilfe, rechtliche Unterstützung, Orientierung in der Öffentlichkeit, Beratung in familiären Fragen usw. Entsprechende Volkshochschulkurse für Hörgeschädigte, Sehgeschädigte, ebenso die Blindenvereine, Spastikervereine, Bundesvereinigung Lebenshilfe für geistig Behinderte, Clubs für Behinderte usw. haben sich dieser Aufgaben angenommen. So bewährt sich die Behindertenpädagogik erst in einer Lebensfürsorge für den behinderten Menschen, die eine Verpflichtung der gesamten Gesellschaft ist.

3.2 Reformtendenzen im Bildungswesen für Behinderte

3.2.1 Die Leitvorstellung der Integration

Über globale Zielsetzungen der pädagogischen Förderung von Behinderten herrscht ein hoher Konsens: Persönliche Sinnerfüllung und gesellschaftliche Eingliederung machen den Endzweck aller Bemühungen um Bildung und Erziehung von Behinderten aus. Der Zielbegriff der Integration bietet sich hierfür als übergeordnete Formel an: »die Doppelnorm der Sicherung von Autonomie und sozialer Teilhabe, von personaler und sozialer Integration« (Speck 1988, 249). Auf diese Weise ist sichergestellt, daß persönliches Glück und soziales Angenommensein nicht nur in einem ausgewogenen Verhältnis stehen, sondern miteinander verbunden sind.

Die Sonderschulen als eigenständige Institutionen sind das Ergebnis einer – mit den Worten der Systemtheorie: komplexitätsreduzierenden – Differenzierung des allgemeinen Schulwesens, das sich bei Einführung der Schulpflicht für alle im 19. Jahrhundert außerstande sah, behinderte Kinder genügend zu fördern und sich darum von ihren Problemfällen entlastete.

In der historischen Rückschau war die Gründung der Sonderschulen zur Durchsetzung des Bildungsrechts für Behinderte notwendig. Lowenfeld (1975) hat, am Beispiel der pädagogischen Hilfe für Blinde, dies als den Weg »from separation to integration« bezeichnet: Die erste Phase der gesellschaftlichen Eingliederung Behinderter wurde durch die grundsätzliche Anerkenntnis ihres Bildungsrechts überhaupt erreicht. Sonderschulen sind ihr institutioneller Ausdruck. Sowohl der historische als auch der interkulturelle Vergleich zeigen auf, daß dies der zwangsläufige Entwicklungsgang ist, der sich bis in die jüngste Zeit hinein wiederholt – so etwa in der Beschulung Geistigbehinderter und Schwerbehinderter (Bleidick/Rath 1987, 60).

Wir befinden uns heute indessen in einer veränderten Situation. Der Ausgliederungs- und Differenzierungsprozeß, mit dem die pädagogische Förderung Behinderter ihre Bedeutung und ihre relative Eigenständigkeit im Bildungswesen erlangte, ist zum Stillstand gekommen. Neue soziale Bewegungen haben eine erhöhte Sensibilität für gesellschaftliche Benachteiligungen geweckt (Nowak 1988). Unter den Postulaten Chancengleichheit und soziale Gerechtigkeit ist mehr »Gemeinsamkeit im Bildungswesen« gefragt (Muth 1986). In den letzten drei Jahrzehnten haben sich integrative Bestrebungen mehr oder minder durchgesetzt: Konfessionsschulen und Geschlechtertrennung wurden weitgehend abgeschafft, das Programm der Gesamtschule steht für eine soziale Mischung und für den Abbau ständischer Bildungsprivilegien, es wurden neue Formen der Verbindung von allgemeiner und beruflicher Bildung erreicht, die Integration von Ausländern und Behinderten ist unerledigte Aufgabe.

Die teleologische Dominanz des Integrationsbegriffs geht gesellschaftstheoretisch so weit, daß die Frage des zweckmäßigen Mitteleinsatzes vielfach ideologisch untergeordnet wird. Wer Integration als Ziel will, kann nicht auf das Fernziel der bestmöglichen Eingliederung im Erwachsenenleben, in Beruf, Familienverband und Öffentlichkeit warten; die Integration von Behinderten in die Schulgesellschaft der Nichtbehinderten ist Nahziel und Selbstzweck zugleich. Es macht offenbar wenig Sorge, daß vom utopischen Vorschuß – mit der schulischen Eingliederung werde auch die lebenslange Gleichstellung von Behinderten gewährleistet – bislang keine empirischen Gewißheiten abgeleitet werden können. Die wissenschaftstheoretische Figur dieser Rechtfertigung wird als Wertigkeitskongruenz bezeichnet: Ziel und Mittel müssen dem gleichen Wertsystem angehören (Antor 1990). Die Legitimation des Sonderschulwesens – bestmögliche Rehabilitation von Behinderten werde durch Sonderbeschulung erreicht, Integration in der Erwachsenengesellschaft also durch vorweggehende Separation –, diese wäre, weil wertigkeitsdivergent, nicht haltbar: »Das vom Verfahren implizierte Ziel widerspricht dem intendierten so, daß das Verfahren als Mittel zur Erreichung dieses beabsichtigten Ziels unbrauchbar wird« (Groeben 1979, 64).

In der von der Kritischen Theorie beeinflußten neueren Erziehungswissenschaft ist der Rechtfertigungszusammenhang, in dem das Ziel das Verfahren bestimmt und das Mittel selbst die Wertigkeit des Zieles übernimmt, geläufig. Demokratische Einstellung kann nicht mittels autoritärem Erziehungsstil erreicht werden, Kreativität nicht mit Lernzielgängelung und programmierter Instruktion. Wer auf Integration als Ziel setzt, muß auch Integration als schulischen Weg wählen: »In Erziehungsprozessen können die Ziele nicht von den Wegen isoliert werden. Weg und Ziel verschränken sich. Sie werden eins. Das Ziel ist nicht nur der Endpunkt, sondern auch schon am Anfang des Weges mitgegeben« (Muth 1986, 149).

Demnach ist es folgerichtig, wenn die Integrationsbewegung von Erfolgsberichten gemeinsamen Lernens von Behinderten und Nichtbehinderten in der Schule zehrt; denn die Hypothese, daß Integration als gesellschaftliches Endziel durch die Organisationsform der gemeinsamen Beschulung von Behinderten und Nichtbehinderten gesichert oder zumindest wahrscheinlicher werde, kann bislang nicht verifiziert werden. Es gibt auch gegenteilige Bestätigungen: Die persönliche Stabilität und die Kommunikationsfähigkeit von Hörgeschädigten sind besser, wenn sie im Schonraum der Schulen für Gehörlose und Schwerhörige Sprachanbildung erfahren; die Aussichten Lernbehinderter auf Arbeit, Beruf und soziale Anerkennung sind momentan dann am höchsten, wenn sie im Berufsbildungswerk für Behinderte ausgebildet werden; Geistigbehinderte mögen zusammen mit Kindern der Grundschule in ihrem sozialen Lernen und in ihrer kognitiven Entwicklung mehr Anregungen erfahren, wenn sie nicht unter ihresgleichen, sondern zusammen mit Kindern der allgemeinen Schule lernen; die Beschäftigung in der Werkstatt für Behinderte aber ist auf Dauer der verbleibende Ort ihrer gesellschaftlichen Eingliederung.

Bestrebungen zur gemeinsamen Beschulung behinderter und nichtbehinderter Schüler – zum Abbau der sozialen Isolierung und der verbesserten gesellschaftlichen Eingliederung – sind keineswegs neu. Sie haben die Geschichte des Sonderschulwesens von Anfang an begleitet (Bleidick 1988 a, 48ff.). Zu erinnern ist an Traugott Weises »Betrachtung über geistesschwache Kinder« von 1820, in der er davor warnt, sie »von dem großen Haufen abzusondern«. Die ›Verallgemeinerungsbewegungen‹ des 19. Jahrhunderts in der Taubstummen- und Blindenpädagogik setzten auf eine Beschulung der Sinnesgeschädigten in allgemeinen Schulen. Die Hilfsschule trat in der zweiten Hälfte des Jahrhunderts als ›Nachhilfeschule‹ mit dem Ziel der Rückführung ihrer Schüler in die Volksschule an, und sie hatte beträchtliche Widerstände bis zu ihrer endgültigen Verselbständigung im 20. Jahrhundert zu überwinden.

Die nationalsozialistische Zeit ist durch einen Rückgang des Sonderschulwesens gekennzeichnet. Eugenik und Euthanasie haben Behinderte in ihrer Existenz bedroht. Darum ist der politische Rechtfertigungszwang einer Wiedergutmachung verständlich, mit dem der Wiederaufbau nach 1945 einsetzte. So heißt es in der ersten wichtigen Dokumentation der Kultusministerkonferenz, im Gutachten zur Ordnung des Sonderschulwesens von 1960: »Das deutsche Volk hat gegenüber den Menschen, die durch Leiden oder Gebrechen benachteiligt sind, eine geschichtliche Schuld abzutragen ... Das deutsche Volk muß die Aufgabe wieder ernst nehmen, allen Kindern und Jugendlichen, die die allgemeinen Schulen nicht mit Erfolg besuchen können, den Weg zu einem sinnerfüllten Leben zu bereiten ... Die Richtlinien gehen von der Überzeugung aus, daß die Sorge um die Sonderschulen eine Pflicht der Allgemeinheit darstellt« (Ständige Konferenz der Kultusminister 1960, 7, 8). Man knüpfte 1945 dort an, wo 1933 die Entwicklung zum Stillstand gekommen war. Mit der restaurativen Anbindung an die Tradition der Weimarer Republik wurde die Grundlinie bestimmt: die Eigenständigkeit des Sonderschulwesens und der weitere Ausbau der pädagogischen Hilfe für Behinderte.

Im Prinzip wären andere Entwicklungslinien einer mehr integrativen Verlagerung der pädagogischen Förderung Behinderter auf das allgemeine Schulwesen nur dann denkbar gewesen, wenn die Gesamtverfassung des Bildungswesens dieses erlaubt hätte. Daß gesamtschulmäßige Organisationsformen indes keine Gewähr für einen Neuanfang der Sonderpädagogik bieten, zeigt das Beispiel der ehemaligen DDR. Im anderen deutschen Staat erfolgte ein bewußter Neuaufbau in Abwendung von der bürgerlichen Pädagogik und der nationalsozialistischen Vergangenheit, ohne daß sich an der Stellung des eigenständigen Sonderschulwesens wesentliches geändert hätte (Bleidick 1990 a).

Die Empfehlung zur Ordnung des Sonderschulwesens, die die Ständige Konferenz der Kultusminister der Länder in der Bundesrepublik Deutschland 1972 verabschiedete, leitet keineswegs eine zweite und neue Phase der Bildungspolitik ein. Schon die mehrjährige Fertigungszeit bedingt eher eine Fortschreibung des Gutachtens von 1960. Die pragmatische Argumentation der Kultusminister entbehrt jeder weiterreichenden bildungspolitischen Perspektive. Das wird an strukturellen Grundfragen des Schulwesens besonders deutlich. Immerhin ist die Zeit der Bildungsreform mit einer massiven Kritik an den Selektionstendenzen des gegliederten Schulwesens im Gange, und die Sonderschule als vierte vertikale Säule des Bildungswesens steht für soziale Aussonderungsmechanismen. Das Programm der Chancengleichheit und der bewußten sozialen Mischung heißt Gesamtschule. Hier wird der technokratische Pragmatismus der Kultusminister besonders augenfällig, wenn es heißt: »In welchem Umfang behinderte Kinder in die Gesamtschule integriert werden können, welche Behinderungsformen sie zu erfassen vermag, wird erst die Erfahrung lehren« (Ständige Konferenz der Kultusminister 1972, 23).

Daß zur gleichen Zeit bereits ein anderer Grundkonsens in der bildungspolitischen Bewegung auf das Leitziel Integration hin formulierbar war, zeigt die nur ein Jahr später veröffentlichte Empfehlung des Deutschen Bildungsrats von 1973. Die Bildungsratempfehlung hat das Schlagwort »Integration« in die bildungspolitische Welt gesetzt: Die Empfehlung legte »eine neue Konzeption zur pädagogischen Förderung behinderter und von Behinderung bedrohter Kinder und Jugendlicher vor, die eine weitmögliche gemeinsame Unterrichtung von Behinderten und Nichtbehinderten vorsieht und selbst für behinderte Kinder, für die eine gemeinsame Unterrichtung mit Nichtbehinderten nicht sinnvoll erscheint, soziale Kontakte mit Nichtbehinderten ermöglicht. Damit stellt sie der bisher vorherrschenden schulischen Isolation Behinderter ihre schulische Integration entgegen« (Deutscher Bildungsrat 1973, 15–16).

3.2.2 Die Entwicklung in den Bundesländern

Eine Übersicht über die schulische Förderung behinderter Kinder und Jugendlicher in der bisherigen Bundesrepublik Deutschland verzeichnet in bezug auf die Organisationsform der integrativen Unterrichtung ein differenziertes Bild. Insgesamt ist eine eher auseinanderdriftende Entwicklung festzustellen. Das wird zumal dann deutlich, wenn die Verlautbarungen der Ständigen Konferenz der Kultusminister den bildungspolitischen Bestrebungen in einzelnen Bundesländern gegenübergestellt werden. In Anbetracht der Kulturhoheit der Länder ist es aufschlußreicher, die tatsächlichen länderspezifischen Bedingungen zur Kenntnis zu nehmen als die Konsensusformeln übergeordneter Gremien. Das gilt auch für die neuen Bundesländer auf dem Gebiet der ehemaligen DDR.

Die Ständige Konferenz der Kultusminister der Länder in der Bundesrepublik Deutschland hat sich in größeren zeitlichen Abständen in grundsätzlichen Stellungnahmen mit dem Sonderschulwesen befaßt. Es sind dies das Gutachten zur Ordnung des Sonderschulwesens (1960), die Empfehlung zur Ordnung des Sonderschulwesens (1972) und das Protokoll der Amtschefskonferenz »Zum Unterricht für Schülerinnen und Schüler mit sonderpädagogischem Förderbedarf« 1988 (vgl. Bleidick/Rumpler 1989). Während die Stellungnahmen von 1960 und 1972 auf die Eigenständigkeit und den weiteren Ausbau des Sonderschulwesens setzen, markiert die 1973 verabschiedete Empfehlung des Deutschen Bildungsrats erstmals eine Trendwende zur sogenannten ›Integration‹ hin.

Es hat 16 Jahre gedauert, bis die Kultusministerkonferenz erneut ihre Vorstellungen von der Zukunft der pädagogischen Förderung Behinderter zu Papier brachte. Eine einheitliche

Konzeption – und somit eine weitere Empfehlung – sind nicht mehrheitsfähig. Das unveröffentlichte Protokoll mit den Positionspapieren zur 110. Amtschefskonferenz 1988 spiegelt wider, inwieweit die schulpolitische Entwicklung in den Bundesländern auf dem Gebiet des Sonderschulwesens auseinandergeht; andererseits aber auch, daß wir uns in einer Zeit des Umbruchs befinden. Schon der Titel des Papiers weist das aus, wenn von »Schülerinnen und Schülern mit sonderpädagogischem Förderbedarf« die Rede ist – die Institution soll nicht von vornherein festgelegt werden. Integrative Beschulungsformen werden als vierfaches Stufenmodell – von der Einzelintegration über kooperative Verbundsysteme von Sonderschule und allgemeiner Schule sowie Integrationsklassen bis zur Förderung in Sonderschulen – deskriptiv nebeneinandergestellt, ohne daß eine bildungspolitische Präferenz sichtbar wird.

Wenn unterhalb dieses disparaten Bildes nach einem Konsens gesucht wird, dann besteht er immerhin in einer Art letzter Garantieerklärung für einen Erhalt des Sonderschulwesens: »Einigkeit bestehe in der Auffassung, auch weiterhin auf Sonderschulen nicht verzichten zu können. Die Sonderschulen bleiben Mittelpunkt sonderpädagogischer Kompetenz, von dem aus sonderpädagogische Dienstleistungen in Form von Diagnose, Beratung und Betreuung auch in die allgemeinen Schulen hinein erbracht werden.« – »Einige Länder sehen in der generellen zieldifferenten Integration, d.h. in der gemeinsamen Unterrichtung dieser Behinderten mit Nichtbehinderten nach Erziehungs- und Bildungszielen, die sie nicht zu erreichen vermögen, keine geeignete Maßnahme, die Behinderten für die Integration in die Gesellschaft hinlänglich vorzubereiten. Sie befürchten vielmehr, daß die ›Integration auf dem Weg‹ der ›Integration als Ziel‹ entgegenwirkt«.

Die Hierarchie des nach Bildungsabschlüssen gegliederten öffentlichen Schulwesens bedingt, daß zwei Arten der integrierten Beschulung unterschieden werden müssen: das zielgleiche Lernen und die zieldifferente Unterrichtung. Wo behinderte Schüler dem Unterricht der allgemeinen Schulen zu folgen vermögen, besteht schulrechtlich kein Einwand gegen ihr Verbleiben in der allgemeinen Schule. Erst wenn sie deren weiterführende Ziele und Bildungsabschlüsse nicht erreichen können, verlangen die Schulpflichtgesetze eine Umschulung in Sonderschulen. Das dürfte bei etwa zwei Dritteln der behinderten Kinder und Jugendlichen der Fall sein.

Aus dem Grunde sind die ersten schulgesetzlichen Änderungen, die eine zum Sonderschulwesen alternative Beschulung behinderter Schüler in allgemeinen Schulen als Wahlangebot flächendeckend in die Wege leiten, zwangsläufig auf die Grundschule beschränkt. Die Grundschule hat den Status einer Gesamtschule für alle Schüler. Im Sekundarbereich haben Formen gemeinsamer Unterrichtung bislang noch den Charakter von auf Zeit genehmigten Schulversuchen. Inwieweit es in den nächsten Jahren gelingt, hier eine grundsätzliche Umgestaltung zu erreichen, hängt von der Gesamtverfassung unseres Schulwesens und entsprechenden bildungspolitischen Entscheidungen ab.

Eine Bestandsaufnahme der integrativen Beschulung in den einzelnen Bundesländern muß sich auf wenige stichwortartige Hinweise beschränken. Die Entwicklung ist ständig im Fluß. Was bei Niederschrift eines Manuskripts aktuell ist, kann bei Drucklegung schon überholt sein (Eine Übersicht über die derzeit geltenden gesetzlichen Regelungen, Erlasse und schulpolitischen Verlautbarungen: Bleidick 1990 b, 23–26).

Traditionelle Positionen – je nach politischem Urteil kann man sie als wertkonservativ bezeichnen – finden sich in den Ländern Bayern, Baden-Württemberg und Rheinland-Pfalz, im letzteren Land mit einer erstaunlich von der gegenwärtigen schulpolitischen Diskussion abgehobenen Festschreibung der Verhältnisse, wie sie zuletzt nur noch die KMK-Empfehlung von 1972 enthält.

Das Bayerische Staatsministerium für Unterricht und Kultus hat 1988 »Leitsätze einer Schulpolitik für Behinderte« an die Öffentlichkeit gegeben, die apodiktisch behaupten: »Die differenzierte Förderung Behinderter kann am besten im gegliederten Schulwesen erfolgen ... Die Möglichkeiten und Grenzen des gemeinsamen Unterrichts für Behinderte und Nichtbehinderte ergeben sich aus der Behinderung sowie den Entwicklungs- und Lernbeeinträchtigungen ... Integration muß auch auf der Ebene der Leistung gelten. Ein Lernen nur im sozialen Miteinander wird als nicht ausreichend betrachtet.«

Auch der Niedersächsische Kultusminister hat bei Beantwortung der Frage, inwieweit Integration als gemeinsame Unterrichtung behinderter und nichtbehinderter Schüler durchgeführt werden kann, die Schulleistung zum Maßstab erhoben. So heißt es im Erlaß zur Kooperation von Grundschule und Sonderschule: »Die Förderung findet dort ihre Grenzen, wo die gemeinsamen Bemühungen in angemessener Zeit nicht dazu führen, daß der Schüler dem Bildungsgang der Grundschule zu folgen vermag.« Damit wird integrative Beschulung zur Ausnahmeregelung unter erschwerten Bedingungen.

Während in den Ländern Nordrhein-Westfalen und Hessen eher eine Haltung vorsichtigen Abwartens zu beobachten ist, dominiert in den Stadtstaaten Berlin, Hamburg und Bremen sowie im Saarland eine beträchtliche Progression in bezug auf die regelhafte Einführung integrativen Unterrichts. Diese Prioritätensetzung ist nicht unbedingt an politische Willenskundgaben SPD-regierter Länder gebunden. Eine besonders ausgewogene Integrationskonzeption unter dem Stichwort einer »Flexibilisierung« sonderpädagogischer Maßnahmen wurde schon 1988 als Senatsmitteilung der CDU-Schulsenatorin dem Berliner Abgeordnetenhaus vorgelegt.

Die Hamburger Diskussion um einen Referentenentwurf »Die Integration behinderter Kinder in der Grundschule« (1989) bietet ein Lehrstück für die Schwierigkeiten einer Umsetzung bildungspolitischer Absichtserklärungen in konkrete Schulorganisation. Im ersten Planungspapier hatte die Behörde die flächendeckende Einführung der »integrativen Regelklasse« mit einem Auslaufen der Grundstufen von drei Sonderschultypen (für Lernbehinderte, Sprachbehinderte und Verhaltensgestörte) bis zum Jahr 2000 vorgesehen. Unter dem Druck der öffentlichen Kritik wurde das Planungskonzept weitgehend zurückgenommen, und zwar auf dem Status eines Schulversuchs, nach dem bis 1996 insgesamt 50 »Integrative Grundschulen« eingerichtet werden sollen.

Die Situation im Saarland wird mitunter als weitestgehende Verwirklichung des Konzepts gemeinsamer Unterrichtung von behinderten und nichtbehinderten Schülern beschrieben. Eine solche Bewertung gilt nur mit Einschränkungen. Das Saarländische Änderungsgesetz auf dem Gebiet des Schulrechts von 1986 (Gesetz Nr. 1200) sagt einerseits: »Der Unterrichts- und Erziehungsauftrag der Schulen der Regelform umfaßt grundsätzlich auch die behinderten Schüler.« Andererseits werden die »besonderen Schulen« für diejenigen Schüler aufgeführt, die in der »Regelform« nicht oder nicht ausreichend gefördert werden können. Seit 1987 benennt eine »Integrationsverordnung« die schulrechtlichen Grundlagen für eine Förderung behinderter Schüler in allgemeinen Schulen und die Regeln des Verfahrens. Danach können die Eltern die Beschulung ihrer behinderten

Kinder in der allgemeinen Schule beantragen. Die schulbehördliche Genehmigung erfolgt aber erst dann, »wenn gewährleistet ist, daß sie in der Schule der Regelform die erforderliche pädagogische Förderung erhalten« (§ 1 Abs. 1). Diese realistische Bedingung hat sich schon nach relativ kurzer Erfahrungszeit als faktische Hürde erwiesen. Ob eine integrative Beschulung im Einzelfall durchgeführt werden kann, hängt davon ab, ob die zuständigen Sonderschulen zusätzliche Lehrerstunden für die spezielle Förderung in allgemeinen Schulen abzugeben in der Lage sind. Dies ist bestenfalls in Ballungsräumen von Fall zu Fall möglich; zusätzliche Lehrerstunden müßten für eine flächendeckende Versorgung mit Integrationsangeboten für die nächsten Jahre überregional zur Verfügung gestellt werden. Von der theoretischen Konzeption her erweist sich die Verordnung als flexibel. Die integrative Unterrichtung kann in sechs abgestuften Formen realisiert werden: (1) Regelklasse mit Beratung, (2) Regelklasse mit Ambulanzlehrer, (3) Schule der Regelform mit sonderpädagogischen Förderungseinrichtungen, (4) Regelklasse mit Zwei-Pädagogen-System, (5) Kooperierende Sonderklasse in der Schule der Regelform, (6) Kooperation einer Schule für Behinderte mit einer Schule der Regelform.

Am Beispiel des Saarlandes zeigt sich zuletzt, daß die bildungspolitische Entwicklung in Richtung auf zunehmende Integration von Behinderten in die Schulgesellschaft – mit dem Ziel der besseren Eingliederung in die Erwachsenengesellschaft – in einer behutsamen Weise evolutionär mit bestehenden Formen vermittelt werden kann. An Stelle wirklichkeitsfremder Beschwörungen einer »Schule ohne Aussonderung« und der intransigenten Alles-oder-nichts-Polemik tritt die Perspektive des Machbaren. In diesem System haben – mit gestärkter Elternmitwirkung und sofern die Mittel des Bildungshaushaltes den nötigen Spielraum gewähren – die integrative Einzelförderung ebenso wie die Integrationsklasse und die Sonderschule ihren zugestandenen schulorganisatorischen Ort.

Die Erörterung um den gesellschaftspolitischen Begriff der Integration hat die Verhältnisse in der ehemaligen DDR – nicht erst seit dem politischen Umbruch 1989 – immer schon als reizvolle Kontrastfolie erscheinen lassen. Ein vom übrigen Schulwesen weitgehend separiertes und differenziertes Sonderschulwesen wurde mit der Ideologie der Integrationsfähigkeit der entwickelten sozialistischen Gesellschaft gerechtfertigt: »Effektive Bedingungen und Wege für die Bildung und Erziehung physisch-psychisch geschädigter Kinder und Jugendlicher« in der DDR begründen »Sonderbeschulung ... als spezifisches Element eines integrierten Gesamtsystems«: »Die speziellen Bildungsprozesse vollziehen sich innerhalb eines einheitlichen sozialistischen Bildungssystems, in dem die allseitig entwickelte sozialistische Persönlichkeit das übergreifende Ziel darstellt ... In dieser Betrachtungsweise ist ein physisch-psychisch Geschädigter unter den Bedingungen des Sozialismus zu jeder Zeit integriert« (Baudisch 1989, 8, 6). Diese Art von »Integration als Ziel«, das durch Sonderbeschulung erreicht werden soll, schlug sich beispielsweise in der beruflichen Beschäftigung Behinderter nieder. Das verfassungsmäßig garantierte Recht auf Arbeit (und die Pflicht zur Arbeit) galt selbstverständlich für Behinderte. Es ist wohl nur eine Frage der Zeit, wann auch hier das bisher theoretisch festgefügte Verhältnis von Schulorganisation und gesellschaftstheoretischem Überbau durch die tatsächlichen Entwicklungen widerlegt sein wird.

3.2.3 Wohin steuert die Reform?

An zwei Fragen, die in den Gesamtberichten der Kultusministerkonferenz offenbleiben und die auch den Dissens zwischen den Bundesländern (hier hauptsächlich zwischen den SPD-regierten A- und den CDU-regierten B-Ländern) bilden, fokussieren sich Probleme, die die Integrationsdiskussion in nächster Zeit vorrangig beschäftigen werden. Die Weiterführung integrativer Beschulung über die gesamtschulmäßig verfaßte Grundschule hinaus in der Sekundarstufe ist ungeklärt, weil damit die Struktur des gegliederten Schulwesens insgesamt zur Debatte steht. Und die Frage des ›zieldifferenten Lernens‹, der Leistungsbewertung ist strittig. Ob Schüler ohne Aussicht auf den Schulabschluß einer allgemeinen Schule auf Dauer sinnvoll in der allgemeinen Schule gefördert werden können, darüber scheiden sich die Geister der bundesdeutschen Kultusverwaltungen. Demgemäß unterschiedlich können auch die Wirkfaktoren eingeschätzt werden, die die weitere Zukunft der schulischen Förderung von Behinderten bestimmen.

Solche Bestimmungsfaktoren lassen sich als Variablen erster und zweiter Ordnung ausmachen. Direkte Einflußgrößen erster Ordnung liegen in Elterninitiativen, in Schulversuchen, in Bildungsreformprogrammen und im wissenschaftlichen Überbau. Die Faktoren zweiter Ordnung bestehen in systemischen Bedingungen, in fiskalischen Ressourcen, im Schulrecht und in der Ideologie von Integration als Gleichheitsforderung.

Die ersten Integrationsklassen in der Grundschule sind von den Eltern durchgesetzt worden, deren Kinder bereits integrative Kindergärten besucht hatten. Elterninitiativen sind der bislang wirksamste Auslöser und Schrittmacher der Integrationsbewegung. Das wird vermutlich so bleiben. Die stärkere Installierung des Elternwillens im Schulrecht trägt dem Rechnung (Berlin, Saarland).

Die institutionelle Umsetzung der integrativen Beschulung wurde bisher fast ausschließlich durch Schulversuche zum gemeinsamen Unterricht von behinderten und nichtbehinderten Schülern vorangebracht (Haupt 1985, 167ff.). Allerdings ist die Rechtfertigung von Modellversuchen an unterschiedliche politische Zielsetzungen geknüpft. Mitunter besteht der Eindruck, daß sie Alibi für die Beibehaltung der schulstrukturellen Grundlagen des bestehenden Schulwesens zumal dann sind, wenn die mit nicht geringem Aufwand betriebenen Schulversuche in bezug auf die organisatorische Weiterentwicklung des Schulwesens für Behinderte selbst folgenlos bleiben (so in Rheinland-Pfalz). Nichtsdestoweniger wird – von der Kultusministerkonferenz wie auch von anderen Gruppen – immer wieder gefordert, die ›Machbarkeit‹ von integrativer Unterrichtung solle durch Modellversuche geprüft werden. Die Rolle von Schulversuchen sollte in diesem Zusammenhang eindeutig geklärt sein. Es gibt inzwischen eine größere Anzahl von kontrollierten Einzeluntersuchungen und Erfahrungsberichten zum gemeinsamen Unterricht von behinderten und nichtbehinderten Schülern (Bleidick 1988a, 120f., 133f.). Unter erfahrungswissenschaftlichen Gesichtspunkten ist es unmöglich, alle Variablen unter Kontrolle zu bringen, die guten versus schlechten Unterricht und erwünschte versus unerwünschte Effekte ausmachen. Das entspricht im übrigen den Erfahrungen der Schuleffizienzforschung, wie sie aus Großbritannien seit längerem bekannt sind (Rutter u.a. 1980), und die auch in der deutschen Gesamtschulüberprüfung bestätigt wurden: Der Inter-Systemvergleich von Organisationsformen bringt keine signifikanten Unterschiede zutage. Das Intra-Gefälle unter den Schulformen ist allemal größer – es gibt gute und schlechte Gesamtschulen, gute und schlechte Gymnasien, gute und schlechte Sonderschulen, gute und schlechte Integrationsklassen. Die Qualität der einzelnen Schule und ihre pädagogische Atmosphäre entscheiden. Darum sind selbstreferentielle schulindividuelle Daten erwünscht, mit denen gelungenes Lernen eingefangen wird (Fend 1982).

Insofern kann es nicht darum gehen, die Daseinsberechtigung von Sonderschulen oder Integrationsklassen mit ›wissenschaftlichen‹ Mitteln bestätigen oder widerlegen zu wollen. Die faktische Beschreibung des Lernens in Integrationsklassen und in Sonderschulklassen steht im Vordergrund. Sie ist phänomenologisch akzeptiert. So wird berichtet, wie gemeinsamer Unterricht mit behinderten und nichtbehinderten Schülern als Prozeß gelingt, und nicht, wie er als meßbares Ergebnis vorteilhaft wäre (Ellger-Rüttgardt/Poppe 1987). Die empirische Fragestellung »zielt deshalb nicht auf die Legitimität der integrativen Erziehung, sondern auf ihre Gestaltung« (Klein u.a. 1987, 36). Selbst empirische Analysen beabsichtigen keine summative Evaluation im Kontrollvergleich, sondern sie wollen die Bedingungen einer verbesserbaren pädagogischen Kommunikation verstehen (Sucharowski u.a. 1988).

Unvoreingenommene Kontrolluntersuchungen aus Integrationsklassen kommen zu differenzierten Ergebnissen und zum Patt-Resultat: Es gibt offensichtlich keine prinzipielle Überlegenheit des integrativen Unterrichts gegenüber der herkömmlichen Sonderbeschulung – und umgekehrt (Wocken 1983; 1987).

Nichtsdestoweniger haben Schulversuche die empirische Funktion, die Bedingungen abzuklären, unter denen politisch gewollte und für richtig befundene Organisationsformen von Integration oder Sonderbeschulung vorteilhaft oder nicht zweckmäßig sind (Klassenfrequenz, Schülerauswahl, Vorbereitung der Eltern und Lehrer, zieldifferente Curricula und vieles mehr). Schulversuche können schulpolitische Entscheidungen nicht ersetzen, und weder naive positivistische Wissenschaftsgläubigkeit, noch das Alibi vorgeblich unvoreingenommener Prüfung werden daran etwas ändern. Es ist deshalb angebracht, immer wieder auf den prinzipiellen Unterschied von normativer Rechtfertigung (politischer Entscheidung) und empirischer Begründung (Prüfung auf Erfolg) zu verweisen (Bleidick 1987).

Als dritten Einflußfaktor läßt sich auf die expliziten Reformbemühungen in Richtung ›Integration‹ verweisen. Die Empfehlung des Bildungsrats von 1973 ist zwar deshalb ohne direkten schulorganisatorischen Einfluß geblieben, weil das von ihr favorisierte Modell des Kooperativen Schulzentrums (eine Art Verbundsystem von Sonderschule und allgemeiner Schule) nicht mit der gegebenen Schulverfassung vermittelt war. Gleichwohl dürfte die Empfehlung das schulpolitische Terrain für die Forderung nach stärkerer Einbeziehung behinderter Kinder und Jugendlicher in den allgemeinen Unterricht in beträchtlichem Maße vorbereitet haben. Heutige Reformvorschläge berufen sich zu Recht auf den Deutschen Bildungsrat; es hat den Anschein, daß die Forderung nach verbesserter Eingliederung Behinderter zu den wenigen, verspätet nachwirkenden Impulsen der Bildungsreform von 1969 bis 1975 gehört.

Neben den Elterninitiativen haben Wissenschaftler der Behindertenpädagogik die Integrationsbewegung wesentlich befördert (so die Sammlung bestätigender Meinungen von Eberwein 1988). Es gibt, wie in der Bildungspolitik überhaupt, einen vorauseilenden theoretischen Überbau. Die Integrationsempfehlung des Deutschen Bildungsrats von 1973 ist von den Wissenschaftlern des damaligen Ausschusses Sonderpädagogik formuliert worden. Der Umstand erscheint dann prekär, wenn Reformentwürfe nicht dem Bewußtsein der Lehrerschaft entsprechen – zumal der allgemeinen Schulen – wie ebenfalls die Eltern der Bundesarbeitsgemeinschaft »Gemeinsam leben – gemeinsam lernen/Eltern gegen Aussonderung behinderter Kinder« (1985; inzwischen »Eltern für Integration«) als bildungsprivilegierte Schicht kaum die Elternschaft der Schüler von Sonderschulen repräsentieren dürften.

Unter den Variablen zweiter Ordnung stellen Systembedingungen der Schulorganisation hemmende oder erleichternde Faktoren für die Verwirklichung eines gemeinsamen Unterrichts von behinderten und nichtbehinderten Schülern dar. Es steht außer Frage, daß die gesamtschulartige Verfassung des Schulwesens integrative Organisationsformen begünstigt, wie das Beispiel der angelsächsischen und skandinavischen Länder sowie Italiens zeigt (Bürli 1985). Unter den schulrechtlichen Bedingungen des gegliederten Schulwesens bietet jedoch auch die Weiterführung der Integrationsklassen in der Sekundarstufe I der Gesamtschule keine Gewähr für eine flächendeckende Einführung (so Stoellger 1990 im Hinblick auf Berliner Erfahrungen).

Die restriktiven Einflüsse der öffentlichen Bildungsbudgets stehen außer Frage. An der Knappheit der Ressourcen ist schon manche Bildungsreform-Utopie zerbrochen. Die Rücknahme des Hamburger Referentenentwurfs zur Integration behinderter Kinder in der Grundschule auf einen zahlenmäßig begrenzten Schulversuch war unter anderem ein Diktat der Haushaltspolitik. Die saarländische Integrationsverordnung hat demonstriert, daß das Gebot der Kostenneutralität den Spielraum für schulorganisatorische Veränderungen wesentlich einengt. Schulische Integration von Behinderten ist nicht zum Nulltarif zu haben.

Systemische Bedingungen spiegeln sich in den Schulgesetzen wider. Die rechtliche Durchsetzung von Integration betrifft das gesamte Schulwesen unmittelbar (in der Regelung der Schulabschlüsse) und mittelbar (in der Analogie von Leistungsgerechtigkeit, mit der dem Hauptschüler der Besuch des Gymnasiums verwehrt, dem Geistigbehinderten aber der Unterricht in der Integrationsklasse gestattet wird) (Speck 1988, 313). Für Muth, einem der Wortführer der Integrationsbewegung, steht es außer Zweifel, »daß eine grundsätzliche Änderung der schulrechtlichen Bestimmungen in allen Bundesländern die generelle Legalisierung integrativer Schulen bringen muß« (1986, 125; zum Problem des Elternrechts in bezug auf Integration: Füssel 1987). Die Bemühungen um eine schulrechtliche Frontbegradigung im Hinblick auf Integration stehen erst in den Anfängen (VBE Verband Bildung und Erziehung 1989). Die zielgleiche Unterrichtung behinderter Schüler in der allgemeinen Schule ist nicht das Problem; die Hälfte aller sehbehinderten, schwerhörigen, sprachbehinderten und körperbehinderten Kinder und Jugendlichen verbleibt ohnehin – trotz besonderer Erziehungsbedürfnisse – in der allgemeinen Schule, wenn sie deren Leistungsziel erreicht.

Diese bildungssoziologische Einsicht läßt grundsätzlich Zweifel aufkommen, ob es in unserem leistungsbezogenen Gesellschaftssystem überhaupt möglich ist, eine »systemkonforme Bildungsorganisation für schwachbefähigte Kinder« einzurichten (Kanter 1990). So ist die Hilfsschule im 19. Jahrhundert nicht deshalb gegründet worden, weil sie ein pädagogisches Konzept der bestmöglichen Hilfe für schwachsinnige, lernbehinderte oder soziokulturell benachteiligte Kinder anbot. Sie ist vielmehr das organisationssoziologische Ergebnis systembestimmter Selektionswirkungen der Komplexitätsreduktion im gesellschaftlichen Leistungsgefüge, nämlich etwas für die Schulversager zu tun, die unter den Bedingungen der Volksschule nicht genügend gefördert werden konnten (Kanter 1990, 169). Darum ist es wenig überzeugend, systemwidrige Parameter einer Schule ohne Aussonderung, einer Revolutionierung der

Grundschule oder eines Abbaus des Leistungsdrucks in der Gesellschaft zu beschwören.

Der Ruf nach wohnortnaher Beschulung von behinderten Schülerinnen und Schülern, nach Regionalisierung sonderpädagogischer Hilfe und zugleich nach behindertenspezifischer Förderung in der allgemeinen Schule (z.B. Sprachtherapie, Seh- und Hörerziehung, Krankengymnastik) steht in der Spannung, den individuellen Bedürfnissen von behinderten Menschen in der Akzeptanz ihres Soseins und ihrer Verschiedenheit ebenso Rechnung zu tragen wie andererseits den Anspruch auf Miteinander und Gemeinsamkeit von Behinderten und Nichtbehinderten sowie die Identifikationsbedürfnisse mit der Gruppe (z.B. der Gehörlosen im Gehörlosenverein) zu verwirklichen. Vereinzelung in der integrativen Gruppe würde ebenso den Zielen sozialen Lernens widersprechen wie die Abkapselung von Behindertengruppen, die ausschließlich auf besondere Einrichtungen verwiesen sind.

Vorbild für derartige gesetzliche und praktisch-didaktische Lösungen wäre die Integrationsgesetzgebung der US-amerikanischen Staaten, nach der für den einzelnen Schüler ein individueller Erziehungsplan vorzulegen ist (Juhl 1987, 570). Die Einlösung dieser Forderung würde für die Bundesländer erhebliche schulgesetzliche Änderungen nahelegen, weil bislang nur ein Rechtsanspruch des behinderten Schülers auf Förderung und Entfaltung seiner Persönlichkeit ›dem Grunde nach‹ besteht bzw. die Unmöglichkeit der Förderung in der allgemeinen Schule zum Kriterium der sog. ›Sonderschulbedürftigkeit‹ gemacht wird. ›Konkrete Förderung‹ nach individuellem Lernplan würde somit eine neue Rechtsqualität des Anspruchs auf Bildung begründen (sonderpädagogischer Förderbedarf), die nicht mehr an eine bestimmte Institution (z.B. Sonderschule) gebunden ist. Eine Entscheidung der Bildungspolitik und des Gesetzgebers ist dahingehend zu treffen, ob in Zukunft die ›grundsätzliche Regelung‹ vorsieht, daß behinderte Kinder und Jugendliche in der allgemeinen Schule zu unterrichten sind und die Überweisung in die Sonderschule eine zu begründende Ausnahme von dieser Regel darstellt. Oder umgekehrt: ob das Schulwesen vorwiegend auf spezielle Förderung im gegliederten Schulwesen ausgerichtet bleiben soll. Dies ist bislang in allen Bundesländern mit Ausnahme des Saarlands der Fall, das mit der Schulgesetzänderung von 1986 eine entsprechende bildungspolitische Kurskorrektur einzuschlagen versucht. Ungeachtet dieser Prioritätensetzung ist die Frage, inwieweit sich in der Schulwirklichkeit Änderungen der bestehenden Organisationsformen flächendeckend herstellen lassen, von vielfachen Imponderabilien abhängig, über die keine sicheren Prognosen zu treffen sind.

Die Forderung nach gesellschaftlicher Integration von Behinderten pflegt – namentlich von politischen Initiativgruppen – im Namen eines allgemeinen Gleichheitspostulats erhoben zu werden (so etwa »Eltern für Integration«). Dabei wird vielfach übersehen, daß soziale Gerechtigkeit auch im Bildungswesen für Behinderte aus einer Balance von Freiheit und Gleichheit besteht (Bleidick 1986). Die besondere Förderung Behinderter kann oftmals nur um den Preis der Spezialisierung des pädagogischen Geschäfts erfolgen. Auch hier besteht ein Mißverhältnis von idealen Rahmenbedingungen und konkreten Restriktionen. Eine Schule für alle, für Behinderte und Nichtbehinderte, ist als Fernziel eines länger andauernden Veränderungsprozesses in Schule und Gesellschaft nur dann herstellbar, wenn bislang nicht realisierte Formen individualisierten Lernens mit höherer Toleranz gegenüber weniger leistungsfähigen Gliedern der Gemeinschaft einhergehen. Hier ergibt sich eine Dialektik von personaler und sozialer Integration (Speck 1988, 309).

Nun steht es außer Frage, daß die Gleichheit des Bildungsangebots angesichts der Ungleichheit der Schüler neue Ungleichheiten oder zumindest neue Ungerechtigkeiten als ungewollte Nebenwirkungen zeitigt. Die Paradoxie der Situation entsteht indes aus falschen Erwartungen, die wiederum aus der Verwechselung von Ziel und Mittel resultieren: Pädagogische Gleichheitsforderung kann eben nur die Bereitstellung sämtlicher Mittel bedeuten, und insofern drückt sie verfassungsrechtlich formale Gleichberechtigung aus. Sie heißt nicht Gleichheit der Ziele; in diesem Fall wäre sie Egalismus, der die Tüchtigen bremst und die Schwachen überfordert. Weil nicht alle das Gleiche erreichen können, wird das Prinzip der Gleichheit durch das Prinzip der individuellen Freiheit relativiert. Die schulorganisatorische Konsequenz bedeutet Differenzierung nach individuell bereitgestellten Mitteln und differenzierten Bildungsabschlüssen.

Was besagt das alles für die Gleichbehandlung von chancenbenachteiligten Behinderten? Die Zurverfügungstellung von gleichen Bildungsangeboten und gleichen Lebensbedingungen ist ein demokratisches Grundrecht. In dem Sinne sagt das Dänische Fürsorgegesetz von 1959: »Normalisierung bedeutet, den geistig Behinderten ein so normales Leben wie möglich zu gestatten« (Thimm u.a. 1985). Insoweit ist das Gleichheitspostulat der vielfach als Vorbild hingestellten skandinavischen Normalisierungsbewegung freiheitlich verfaßt. Es läßt die unterschiedlichen Ziele offen, was der Behinderte oder der Nichtbehinderte aus den bereitgestellten Möglichkeiten machen. Damit kommt ein dialektisches Spannungsverhältnis ins Spiel: Gleichheit meint auch das Akzeptieren des Verschiedenen. Gleichheit ist die Anerkenntnis von Ungleichheit. Mit Dybwad gesagt: »Anderssein ist normal«. Das Recht auf Anderssein führt konsequenterweise zum Recht auf gleiche Chancen. Egalisierende Gleichheit hebt Freiheit und Entfaltung des Individuums auf.

Beide Positionen – Gleichstellungsforderung im Namen von Integration und die Respektierung der besonderen Schutz-, Hilfe- und Förderbedürfnisse des Behinderten – treten im Namen einer weiteren Fundamentalforderung auf, der Gerechtigkeit. Soziale Gerechtigkeit und Gerechtigkeit in der Verteilung von Bildungschancen sind dem Gleichheits- und Freiheitspostulat parallellaufende Legitimationsfiguren. Die logische Ordnung der konträren Grundforderungen ist einfach: Integration folgt dem Prinzip der »egalisierenden Gerechtigkeit«, besondere Förderung der »unterscheidenden Gerechtigkeit« (Flitner 1985, 2). Erstere geht von dem Grundsatz aus: Allen das Gleiche. Letztere sagt: Jedem das Seine. Beide Positionen sind wahrheitsfähig im Sinne subjektiv erkannter Richtigkeit, einer legitimatorischen Begründung auf Integration oder Besonderung. Beide nehmen auf ihre Weise Partei für die Interessen der Behinderten.

Comenius erkannte vor 350 Jahren, daß »die große Kunst, allen alles zu lehren« nur dadurch zu bewältigen ist, daß Schüler in Gruppen gleichen Lernens aufgeteilt werden. Homogene Schülergruppen erleichtern das Lehren. Das ist das Prinzip unserer selektiven Schulorganisation: »Ohne Selektion können pädagogische Kriterien nicht realisiert werden« (Luhmann/Schorr 1979, 11). Insofern ist, systemtheoretisch betrachtet, die Forderung nach zieldifferentem Lernen in Integrationsklassen des allgemeinen Schulwesens, in denen Geistigbehinderte neben Gymnasiasten nach individuellen Curricula lernen sollen, ein Rückschritt hinter Comenius.

Das Programm stellt nicht allein beträchtliche Anforderungen an den Durchschnittslehrer und seine didaktisch-methodische Phantasie, etwas zu leisten, was kaum noch die einklassige Dorfschule bewältigte. Auch die ideologische Rechtfertigung verfährt systemwidrig, indem sie Komplexität nicht reduziert sondern kumuliert. Vor dem generalisierten Gleichheitsparadigma scheinen Luhmann/Schorr, bei aller Kritik, zu resignieren: »Die vorherrschende pädagogische Systemreflexion geht jedoch von Einheit, nicht von Differenz aus. Sie verfährt einheitssüchtig. Eine der Folgen ist, daß Erziehung wie ein nichtkontingentes Gut behandelt wird, von dem mehr zu haben wäre« (1988, 468). Es ist vorherzusehen, daß auch hier aus Reformoptimismus ein mißratener Fortschritt entstehen wird: »die Differenz von Hoffnung und Enttäuschung« (ebenda 268).

Die Schwarz-Weiß-Malerei von sonderpädagogischen Organisationsformen – Integration oder Sonderbeschulung, Nichtaussonderung oder bedürfnisgerechte Spezialisierung – denkt in einem binären Code von gut oder schlecht, wobei es lediglich auf die Perspektive ankommt, welche Position als besser oder schlechter gilt. Luhmann/Schorr begreifen den binären Schematismus als Motor der Reform: »Mit Hilfe von Programmen kann das System zu sich selbst Distanz gewinnen. Es kann artikulieren, was besser und was schlechter ist« (1988, 467). Auf diese Weise entsteht Bewegung. Integration ist nur denkbar, weil sie Separation konterkariert. Der Schematismus indessen drückt die Grobkörnigkeit der Polarisierung aus, das Alles-oder-nichts-Gesetz, die Intransigenz und Indolenz, die keine Halbheiten duldet. Die Ideologie der binären Codierung ist allerdings keine politische Verbohrtheit, sondern dem System der institutionalisierten Erziehung inhärent: »Schule selektiert über binäres Schematisieren« (Treml 1987, 118). Einfacher gesagt: Das geplante Lernen bringt gute und schlechte Schüler hervor. Man darf gespannt sein, wie lange der pädagogische Optimismus des zieldifferenten Lernens in heterogenen (integrativen) Lerngruppen anhält, der auf ipsative Leistungsmessung baut und das soziale Bezugssystem unserer leistungsvergleichenden Gesellschaft systemblind ignoriert.

Insoweit sind Begründung und Rechtfertigung der ›richtigen‹ pädagogischen Förderung Behinderter solange kurzsichtig, als sie sich auf Ideologien der ›schulischen Integration‹ oder der ›bedürfnisgerechten Sonderbeschulung‹ beschränken, mithin in vordergründigen Organisationsstrukturen denken. Wir wissen aus etlichen Forschungen zur Bildungspolitik, daß schulorganisatorische Effekte per se ohne Belang sind; sie schaffen bestenfalls günstigere Voraussetzungen für ein gewolltes Ziel. Gesamtschulen haben dort, wo sie flächendeckend und über einen Zeitraum hinweg zum Regelangebot wurden, keineswegs die Schichtenmobilität verbessert und soziale Benachteiligungen abgebaut, vielmehr wurde eher die Leistungskonkurrenz zum Gymnasium verstärkt. Schulische Organisationsformen täuschen eine Homogenität der Bildungswirkung vor, die es nicht gibt. Als ob es nicht gute und schlechte Sonderschulen gäbe und gelungene und weniger empfehlenswerte Integrationsklassen.

Das Ziel der verbesserten gesellschaftlichen Eingliederung von Behinderten ist unhintergehbar, und darüber besteht Einigkeit. Solange aber dieses Ziel nicht im umgreifenden gesellschaftlichen Bezugssystem gesehen wird, solange bleibt das Votum für wertkongruente Organisationsstrukturen kurzschlüssiger Selbstzweck. Die gemeinsame Unterrichtung von Behinderten und Nichtbehinderten in allgemeinen Schulen – als ›schulische Integration‹ – ist eine sozialromantische Integrationsinsel, wenn ihr nicht die gleichberechtigte Anerkenntnis des Behinderten im Erwachsenenleben, in Familie und Öffentlichkeit, bei Wohnen und Freizeit, bei Beruf und Arbeit folgt. Hiller (1989) hat dieses Ziel als den »Ausbruch aus dem Bildungskeller« beschrieben. An der gesellschaftspolitischen Aufgabe ist wichtig, daß es generell für die unteren Statusgruppen (häufig Hauptschüler, Aussiedler, Kinder ausländischer Arbeitnehmer, Behinderte) gilt. Allein die Tatsache, daß es in Großstädten Klassen für Lernbehinderte gibt, die zur Hälfte ausländische Schüler haben (Schirmacher 1990), zeigt, daß die Verkürzung von Reformpolitik auf schulische Organisationsstrukturen aufgehoben werden muß zugunsten des gesamtpolitischen Anliegens der Eingliederung von Behinderten. Hier besteht noch ein beträchtlicher Nachholbedarf.

4. Zur Theoriebildung der Behindertenpädagogik

Pädagogische Bemühungen um Behinderte haben im Laufe der geschichtlichen Entwicklung verschiedene Bezeichnungen erfahren. Wenn auch die heute anzutreffenden Begriffe – Heilpädagogik, Sonderpädagogik, Behindertenpädagogik; ferner: Rehabilitation, Normalisierung, Integration – mitunter synonym verwendet werden, so lassen sich dennoch Abweichungen in den Grundintentionen erkennen. In gewissem Maße schlagen sich die unterschiedlichen Auffassungen in sogenannten Begriffstheorien nieder, die in einer typologischen Übersicht dargestellt werden können (vgl. Bleidick 1985 b).

4.1 Heilpädagogik und das medizinische Modell

Der ideengeschichtliche Ursprung der Heilpädagogik liegt in der Lehre von den »Kinderfehlern« des 18. und des frühen 19. Jahrhunderts (Bleidick 1984, 15 f.). Für die mit den Namen Villaume, Jean Paul, Niemeyer, Milde, Schwarz und Strümpell verbreitete Fehlerlehre ist alles das charakteristisch, was noch heute als »medizinisches Modell« (Keupp 1972) beschrieben wird: Behinderung und soziale Benachteiligung werden als ein persönliches, weitgehend unabänderliches Schicksal hingenommen. Die medizinische Systematik liefert das Klassifikationssystem für pädagogisch vorkommende Gebrechen. So hat die »Allgemeine Erziehungskunde« von Vinzenz Eduard Milde (1811–13) vier Hauptstücke: Diätetik, Bildungslehre, Heilkunde und Selbstbildung. In der Heilkunde wird untergliedert in: Heilkunde der physischen Anlagen, Heilkunde der intellektuellen Anlagen und Heilkunde der Gebrechen des Gefühlsvermögens. Noch neuzeitliche Gegenstandsbestimmungen der »heilerzieherischen Wirklichkeit« (Montalta 1967, 30 f.) stellen eine »Typologie der Heilzöglinge« (Bopp) dar, die sozialmedizinisch eher eine veraltete Klassifikation der Gesundheitsämter widerspiegelt.

Die sekundäre Einordnung unter pädagogische Zentralbegriffe (die folgenden Belege in: Bleidick 1984, 14ff.) der »Kinderfehler«, der »Abartigkeit« (Georgens und Deinhardt 1861), der Erscheinungsformen der »Pädagogischen Pathologie« (von Strümpell 1890), der »Wertsinnshemmung« (Bopp 1930), des »Erziehungsdefekts« (Heinrichs 1931) oder der »Haltschwäche« (Moor 1958) ändert letztlich nichts am vorherrschenden Erkenntnisinteresse: Aus einer medizinisch-biologisch mehr oder minder nachweisbaren, zumindest aber immer wahrscheinlichen und postulierten Schädigung resultiert Behinderung als unausweichliche Folgebeeinträchtigung. Die betroffenen Geschädigten haben eine »klinische Karriere« vor sich (Wellendorf 1975, 142). Die pädagogische Maßnahme kann daran nichts grundsätzlich ändern; sie hat die Aufgabe der Korrektion, der Kompensation, der Ausnutzung der verbliebenen Funktionsreste und der Milderung des Gebrechens durch ›heilende‹, das heißt im übertragenen Sinne erziehliche, unterrichtliche und therapeutische Verfahren.

Die Relativität von Behinderung in ihren verschiedenen relationalen Bezugssystemen – familiär, schulisch, beruflich, sozial, körperlich usw. – erfährt weniger Beachtung. Die am klinischen Modell orientierten Theorien der Heilpädagogik sind ›Behindertentheorien‹ indem sie das als zwangsläufig an der Person objektivierte und substantialisierte Verhalten ätiologisch und symptomatologisch zum Ausgangspunkt aller pädagogischen Führung erheben. Sie vernachlässigen den Definitionsaspekt der ›Behinderungstheorien‹, mit denen problematisiert wird, daß Behinderung durch soziale und gesellschaftliche Vorurteile und Zuschreibungsvorgänge ›gemacht‹ wird.

Nun haben schon die ersten Theoretiker der Heilpädagogik die Beziehungen ihrer Disziplin zur Medizin reflektiert. Es waren zwei Motive, die eine Anlehnung des pädagogischen Auftrags an das Geschäft des Arztes nahelegten. Einmal findet sich in der Kinderfehlerlehre der Philanthropen im 18. Jahrhundert ein ungebrochener Optimismus, durch erzieherische Maßnahmen körperliche, geistige und seelische Gebrechen tatsächlich heilen zu können. Carl Wilhelm Saegerts Schrift von 1845 »Die Heilung des Blödsinns auf intellektuellem Wege« bildet so etwas wie ihre theoretische Endfassung. Zur gleichen Zeit datiert die Heilanstalt für Kretinen und blödsinnige Kinder auf dem Abendberg bei Interlaken (Guggenbühl 1841). Zum zweiten – und dies ist wesentlicher für die Professionalisierung des neuen Berufsstandes – bot die Okkupation des medizinischen Begriffs von Heilpädagogik jene Faszination und Prestigeerhöhung, die im Vergleich zu den renommierten ärztlichen Standesvertretern den Lehrern des niederen Standes und der sozial Vernachlässigten gerade fehlte. Der weiße Kittel des Sonderschullehrers und die Attrappe des Stethoskops um den Hals des Sprachheillehrers haben hier ihren Ursprung. Damit waren vom wissenschaftlichen Selbstverständnis der um ihre Profilierung ringenden Heilpädagogik her etliche Probleme mitgegeben.

So sagt Friedrich Heinrich Christian Schwarz im »Lehrbuch der Erziehungs- und Unterrichtslehre« (1805) vom neuen Spezialgebiet der »Pädeutik« und »Pädagogischen Heilkunde«: »Die Analogie mit der physischen Heilkunde ist sehr begreiflich ...« Die Heilkunde sei »obgleich Hauptteil der Erziehungskunde, doch noch die unvollkommenste« (zit. nach 1967, 127, 135). Georgens und Deinhardt nennen im ersten Entwurf einer »Heilpädagogischen Gesamtwissenschaft« die Heilpädagogik ein »Zwischenglied zwischen Medizin und Pädagogik« (1861, 1.2). Ludwig von Strümpell spricht vom »binokularen Forschungsfeld« des Überschneidungsbereichs von Medizin und Pädagogik (1910, 420). Betrachtet man daraufhin die vielfach kolportierten Definitionen einer »Heilpädagogik als angewandter Psychiatrie« (von Düring, Isserlin, Stutte) genauer, so besticht allerdings ihr Grenzbewußtsein und die Betonung pädagogischer Letztverantwortung: »Heilpädagogik ist angewandte Kinderpsychiatrie, bedeutet: von biologischen und psychologischen Einsichten durchdrungene Pädagogik für behinderte und psychisch auffällige Kinder« (Stutte 1960, 1070).

Ist man versucht, den Fortschritt der Theoriebildung im klinischen Modell der Heilpädagogik an der Wirklichkeitskorrektur einer Vergewisserung des ›pädagogisch Eigentlichen‹ abzulesen, so fällt es nicht schwer, diese Parallelentwicklung im wissenschaftstheoretischen Duktus auszumachen. Sie läuft allerdings eher nebenher; pädagogische Theorie ist dem medizinischen Modell aufgesetzt, oft mit dem Attribut der Äußerlichkeit. Es gilt dies nicht nur von medizinischen, sondern ebenfalls von metaphorischen, im engeren Sinne erziehungswissenschaftlichen und auch von neueren gesellschaftstheoretischen Überbauten: »Materialobjekt« ist der medizinisch-defektiv beschriebene »Heilzögling« (Bopp), der »defektive Schüler« (Sovák); das hypostasiert Pädagogische heißt dann: »Wertentfaltung«, »Erziehung zum Halt« oder auch »gesellschaftliche Rehabilitation und Emanzipation«. Jener Herbartschüler, der die Kinderfehlerlehre in einer Pädagogischen Pathologie zu 200 alphabetisch geordneten Behinderungen systematisiert, zeugt bereits vom grundlegenden Widerspruch einer medizinisch hergeleiteten Theorie der Heilpädagogik, denn ihr Grundbegriff sei die »Störung der Bildsamkeit« (von Strümpell 1910, 27). Bopp nennt folgerichtig die Heilerziehung »vertiefte Normalerziehung« (1930, 8). Moor kann klarstellen: »Heilpädagogik ist Pädagogik und nichts anderes« (1974, 273). Und: »Nie erhalten die ärztlichen Feststellungen begründende Bedeutung für die Erziehung« (339); »Gegenstand des heilpädagogischen Begriffs ist die pädagogische Aufgabenstellung und nicht mehr der medizinische Sachverhalt« (268). Wenn darüber ein theoretischer Konsens herrscht, dann kann die medizinische Registratur der Behinderungen den Stellenwert erhalten, der ihr auch praktisch zukommt: Sie ist eine »intervenierende Variable« des Erziehungs- und Bildungsvorgangs (Bleidick 1984, 196f.), ein Hindernis, ein Faktor, aber keine Richtungsbestimmung über den Weg des Behinderten zur Mündigkeit.

4.2 Sonderpädagogik als Ergebnis von Systemdifferenzierung

Sonderpädagogik ist als Tätigkeitsfeld wie als theoretischer Überbau Differenzierung und Spezialisierung Allgemeiner Pädagogik. Der Gedanke findet sich schon bei Herbart. Im »Umriß pädagogischer Vorlesungen« von 1835 enthält der dritte Teil »Über besondere Zweige der Pädagogik«: die besonderen Lehrgegenstände (Fachdidaktik), das Veranstalten (die Institutionen) und die Lehre von den Fehlern der Zöglinge. Es entspricht diesem Aufgabenverständnis Allgemeiner Pädagogik, daß ihr Inventar an Zielsetzungen und Methoden gleichermaßen für den ›normalen Fall‹ wie für den behinderten Schüler gilt. So konnten ausgerechnet die Leiter der Heil- und Pflegeanstalt Levana in Baden bei Wien, Georgens und Deinhardt, die 1861 den Namen Heilpädagogik in den wissenschaftlichen und populären Sprachgebrauch eingeführt haben, noch treffsicher von der

Heilpädagogik sagen: Sie »muß also zunächst ihre Aufgaben und Mittel als durch den Heilzweck bedingte Modifikationen der Aufgaben und Mittel, welche die allgemeine Pädagogik hat oder haben sollte, auffassen« (zit. nach Neuausgabe 1979, 5).

Die Herleitung von Sonderpädagogik als einer Differenzierung und Spezialisierung von Allgemeiner Pädagogik bedient sich des systemtheoretischen Organisationsmodells. In der soziologischen Organisationslehre gelten Organisationen als Systeme, die auf die Erfüllung von Zwecken ausgerichtet sind. Schule als soziales System hat Aufgaben für die Gesellschaft zu leisten. Auch die Sonderschule hat eine gesellschaftliche Funktion. Die am Bürokratiemodell orientierte Organisationstheorie (Max Weber) ging noch davon aus, daß diese Zwecke immer vernünftig seien: Systemrationalität ist Zweckrationalität. Das System besteht aus Ganzheit und Teilen; das Ganze als Zweck des Systems steuert die Teile als Mittel. Neuere Kritiker der Systemtheorie haben darauf hingewiesen, daß dieses Modell zu einfach ist (Luhmann 1973, 56f.). Eine soziale Großorganisation ist als Ganzes immer mehr als die Summe ihrer Teile. Die Systemgesetzlichkeit einer Organisation kommt dadurch zustande, daß die Gesamtzwecke nicht, wie fälschlich gedacht, nach dem Muster der Einzelhandlung von Individuen wirken. Ein System ist nicht auf Zwecke der Einzelhandlung zu reduzieren, sondern es hat seine eigene, autonom gewordene Gesetzlichkeit. Der einzelne Lehrer mag noch so viel pädagogisch Gutes zwecksetzen. Ob sich seine Absichten im Systemverband realisieren lassen, ist eine andere Frage. Darin liegt eine zwangsläufig dysfunktionale Folge jeder Organisation.

Bestimmen wir generell den Zweck von Schule als einem sozialen System, so läßt sich sagen: Sie soll die Schüler optimal lehren. Diese Aufgabe ist äußerst komplex. Die Schule muß auf verschiedenen Altersstufen verschiedene Schüler Verschiedenes lehren. Insofern war Comenius' Entdeckung, daß man große Schülergruppen auf vier Altersstufen verteilen kann, die Geburtsstunde der heutigen Schulorganisation. Der zweckrationale Sinn von Schule als einem Teilsystem von Gesellschaft besteht nun darin, die komplexe Aufgabe gesellschaftlicher Vermittlung von Lehrinhalten für das konkrete Verhalten im Subsystem Schule überschaubar zu machen und zu regeln. Soziale Systeme differenzieren sich gemäß Komplexität ihrer Aufgaben in spezialisierte Subsysteme; hier: Schulpflicht und Schulverfassung. Zur Systemstruktur gehört ihre Ausdifferenzierung nach

Organisationsebenen und deren Spezialisierung für unterschiedliche Aufgaben. Die so entwickelten Subsysteme haben ihre eigenen Gesetze, sie machen sich selbständig; so Sonderschulpflicht und Sonderschulverfassung gegenüber der allgemeinen Schule.

Damit kann man systemtheoretisch formal die Zweckstruktur eines sozialen Systems – so der Schule – neu bestimmen. Ihr Sinn ist die Reduktion von Komplexität: »Ein System kann sich eine äußerst komplexe Umwelt dadurch vereinfachen, daß es verschiedene Umweltteile unterscheidet und je verschieden behandelt« (Luhmann 1973, 202). Durch Vereinfachung wird ein zu großes und nicht mehr überschaubares soziales System wieder handlungsfähig. Die Pädagogik stand bei Einführung der Schulpflicht zu Beginn des vorigen Jahrhunderts vor der komplexen Aufgabe, der »Verschiedenheit der Köpfe« (Herbart) unterrichtsorganisatorisch Herr zu werden. Ihre Lösung hieß die Aufteilung der Schüler nach überschaubaren Gruppen. Wie in jedem sozialen System der vorhandene Sinnzusammenhang durch selektierende Reduktionsleistung von Komplexität erreicht wird, so muß im Subsystem Schule die inhomogene, komplexe Gruppe aufgeteilt werden, damit sie optimal gelehrt werden kann: nach Alter, Geschlecht, Konfession, Leistung, Schulfach, Verhalten und Gesundheit. Das System Schule erzeugt qua Komplexitätsreduktion Behinderte. Ihr Mittel ist die bürokratische Schulorganisation, die dieses regelt. Systeme erlauben den in diesem System lebenden Menschen, sich zurechtzufinden, indem sie einen Bezugsrahmen für geplantes Handeln bereitstellen. Für Behinderte gibt es besondere Schulen, ein behindertes Kind ›gehört‹ in ein besonderes Systemteil von Schule. Der theoretische Überbau dieses Systems heißt ›Sonderpädagogik‹. Dadurch kommt es auch, daß Sonderpädagogik sich – viel stärker, als das bei den Begriffssystemen Heilpädagogik und Behindertenpädagogik zu beachten ist – zumeist als Sonderschulpädagogik konstituierte.

Die Erforschung der Ursprünge des Hilfsschulgedankens bzw. der Separatbeschulung Lernbehinderter liefert eine Fülle derartiger systemtheoretischer Belege. Der Gedanke der Differenzierung im Volksschulwesen, sprich der pädagogischen Komplexitätsreduktion, taucht schon 1864 bei Stötzner auf: »... daß man diese Aufgabe der Volksschule nicht zumuten darf und daß es unbillig wäre, dies zu tun. Die Volksschule hat andere Aufgaben zu lösen, als sich mit geistig Schwachen und

Stumpfsinnigen herumzumühen. Diese hindern und hemmen nur. Wieviel Höheres würde sie erreichen können, wenn sie der Sorge um diese befreit würde! Man nehme die Schwächsten aus der Volksschule heraus, und man wird letztere in den Stand setzen, umso eher den Forderungen der Gegenwart nachzukommen« (zit. nach Ausgabe von 1963, 7). In einer historischen Analyse hat Möckel den systemtheoretischen Entstehungszusammenhang der Hilfsschule aufgedeckt: »Wenn die Kinder nicht normal, sondern schwachsinnig waren, so brauchten sich die Lehrer der allgemeinen Pflichtschule keine Vorwürfe zu machen« (1976, 17). Die Etikettierung legitimiert die Ausgliederung. Auch daß die Schule als Institution ihre eigenen Schüler nach sich zieht, hat Möckel gesehen: »Wenn es gelingt, die Lehrer nach neuen, vernünftigen Gesichtspunkten zu spezialisieren, so werden zwangsläufig neue Gruppierungen der Schüler folgen« (1976, 24). Bis in die Gegenwart hinein taucht der Gedanke einer Entlastung der allgemeinen Schule durch komplexitätsreduzierende Differenzierung im Schulwesen auf: »Für die Beibehaltung eigenständiger Sonderschulen spricht die Notwendigkeit, eine umfassend angepaßte Hilfe für behinderte Schüler zu geben und gleichzeitig die allgemeine Schule von Schülern zu entlasten, denen sie nicht gerecht werden kann« (Ständige Konferenz der Kultusminister 1972, 21).

Behinderung und Sonderpädagogik können also, systemsoziologisch betrachtet, eine Folge des Schulsystems sein. Dies ist an der Schullaufbahn der Lernbehinderten, die nicht von vornherein lernbehindert sind, sondern erst werden, als ›Systemkarriere‹ ablesbar. Der Leistungszwang der allgemeinen Schule bildet eine ›monopolartige Instanz‹ für die Feststellung der Lernbehinderung. Denn Lernbehinderung ist schulorganisatorisch und gesetzlich durch Nicht-Mitkommen gegenüber geforderten Leistungen definiert: »Die Schule für Lernbehinderte nimmt Kinder und Jugendliche auf, die wegen ihrer Lern- und Leistungsbehinderungen in Grund- und Hauptschulen nicht hinreichend gefördert werden können« (Ständige Konferenz der Kultusminister 1972, 31). Lernbehinderung ist aus dieser Sicht keine Behinderung, sondern systembedingte Selektion eines leistungsschwachen Schülers, dessen Etikett ihn erst nachträglich zum Behinderten stempelt.

Geht man davon aus, daß das Schulsystem in unserer Gesellschaft drei Reproduktionsfunktionen hat (Fend 1976, 65f.) – Qualifikation der Schüler durch Unterricht, Selektion und

Positionsverteilung durch Prüfungen, Integration und Legitimation durch Bestätigung von Rollenerwartungen – so wird die Funktion der Sonderschule im System zumindest bei den beiden letzten Gebieten evident. Es gibt keine bessere Allokation für einen Schüler, der die Komplexität des allfälligen Organisationsmodells Schule überbeansprucht und belastet, als seine Systembestimmung ›sonderschulbedürftig‹. Diese wird durch wissenschaftliche Selektionen – durch Psychodiagnostik im Aufnahmeverfahren – sanktioniert.

Die Entwicklung einer Begriffstheorie der Sonderpädagogik läuft dem systemsoziologischen Differenzierungsprozeß der pädagogischen Institutionen parallel; andererseits liefert sie ihm den theoretischen Überbau. Dies hat zur Folge, daß der in der Mitte dieses Jahrhunderts verbreitete Begriff der Sonderpädagogik bzw. der Sondererziehung eigentümlich formal und inhaltsleer bleibt. So gibt Hanselmann, der ihn 1941 zuerst mit einem Buchtitel in den wissenschaftlichen Sprachgebrauch einführt, auch keine eigentliche Begründung für seine Wortwahl. Das Buch heißt sinnigerweise, um es allen recht zu machen: »Grundlinien zu einer Theorie der Sondererziehung (Heilpädagogik)«.

Mithin konnte es nicht ausbleiben, den Begriff der Sonderpädagogik nachträglich durch eine inhaltliche Aufwertung zu rechtfertigen. Der Versuch findet sich zuerst bei Heinrichs. So allein könne die Heilpädagogik die »Gesamtgestalt einer besonderen Erziehungserscheinung, ihre Struktur, ihre Ganzheit, ihre einmalige Sogegebenheit« erkennen. »Sondererziehung aber erstrebt ihrem Begriff nach neue, in sich bestehende Ziele, besondere Menschenformen« (Heinrichs 1931, 61, 47–48). Wir nennen dies heute eine anthropologische Begründung: Sonderpädagogik hat es mit behinderten Menschen als ›besonderen‹ Menschen zu tun. Die terminologische Legitimation von Sonderpädagogik geschieht durch die Annahme einer Sonderstellung des behinderten Menschen.

Die anthropologische Konstitution des Begriffs Sonderpädagogik dürfte nichtsdestoweniger der Vergangenheit angehören, weil ihre ungewollten Nebenwirkungen als schädlich erkannt sind. Zwar vermag sie das besondere Recht auf Bildung auch des Schwerstbehinderten zu reklamieren, wenn es etwa in der Geistigbehindertenpädagogik mit einem Buchtitel von Maria Egg heißt: »Andere Kinder – andere Erziehung« (1965). Der Behinderte erfährt durch die Verleihung eines besonderen Status Schutz und Hilfe, die ihm auf dem freien Markt der gesellschaftlichen Konkurrenztätigkeiten ohne die Zuerkennung einer herausgehobenen Rolle nicht zukämen – etwa wenn die gesetzlichen Regelungen der beruflichen Bildung besondere Ausbildungsgänge für körperlich, geistig und seelisch Behinderte fördern. Gleichwohl verkennt eine Sonderanthropologie – vielleicht getragen von ihren guten Absichten – die Dialektik von Allgemeinem und Besonderem. Wer anders ist, weicht ab, wie es die soziologische Bestimmung von Behinderung als abweichendem Verhalten nahelegt. Er droht aus dem Spektrum des uns alle als prinzipiell gleichberechtigt verbindenden Humanum, des Allgemeinmenschlichen herauszufallen. Sonderpädagogik ist in dem Sinne nicht frei vom Stigma der Segregation. Dem Gebot der Normalisierung obliegt es, den Behinderten als Ausprägung von Menschsein so zu nehmen, wie er ist (s.u. 4.4).

4.3 Interaktionstheoretische Definition der Behinderung

Von den geläufigen Theorien der Erziehung Behinderter ist die interaktionistische Erklärung neueren Datums und Resultat einer Kehrtwende der Betrachtung: Behinderung ist kein medizinisch vorgegebener Zustand und auch kein zwangsläufiges Institutionenprodukt, sondern vielmehr ein Zuschreibungsprozeß sozialer Erwartungshaltungen. Sie ist durch Vorurteile, Normen und Wertmaßstäbe an die Interaktion zwischen Definierer und Definiertem gebunden, sprachlich und symbolisch vermittelt. Die Devianz des behinderten Individuums wird damit in das Medium sozialer Interaktionen verlagert. Der Behinderte weicht von den Normen der Gesellschaft ab, weil er »in unerwünschter Weise anders« ist (Goffman). Soziale Kontrollmechanismen statten ihn mit dem Etikett Behinderung aus (sog. Labeling approach), das Stigmatisierung, Typisierung und Zuweisung eines sozialen Zwangsstatus bedingt.

Für das interaktionistische Theorem von Behinderung gibt es – ebenso wie für das individual- und das systemtheoretische Paradigma – zahlreiche empirische Befunde (zusammenfassend: Brusten/Hohmeier 1975). Es hat sich als zweckvoll angeboten, im Hinblick auf die Stigma-Theorie das ›defektive Stigma‹ des mit einem unaufhebbaren und sichtbaren Defekt ausgestatteten Körper- und Sinnesbehinderten vom ›culpativen Stigma‹ etwa der Lernbehinderten und Verhaltensgestörten zu unterscheiden. Im letzteren Fall ist der Etikettierungsansatz der Behindertenpädagogik plausibler. Wenn der Schüler eine ›deviante Karriere‹ einschlägt, das heißt von Rollenerwartungen der Schule und Gesellschaft ›schuldhaft‹ abweicht, setzen Sanktionen ein. Die Normen des Erziehungssystems sind allgegenwärtig: Ordnung, Fleiß, Wohlbetragen, Verzicht auf Aggressivität, Leistung. Die Aussonderung der Schüler, die dieser Vorstellung nicht entsprechen, bedeutet eine »Exkommunikation aggressiver Impulse« (Wellendorf 1975, 213 f.), und zwar auf der Basis der selektiven Funktion von Schule : »Zeigt ein Schüler häufig aggressives Verhalten gegenüber Mitschülern und Lehrern, dann steigt die Wahrscheinlichkeit, daß seine schulische Karriere als die eines potentiell Delinquenten definiert und er einem entsprechenden Prozeß der Aussonderung unterworfen wird.« Aggressive und leistungsversagende Schüler sind dann auch die Sündenböcke, die als Substitute einer negativen Identität fungieren. Aus der Schullaufbahn behinderter Schüler, die erst im Verlauf ihrer ›Karriere‹ zu Behinderten gemacht werden, sind erregende Beispiele bekannt (Homfeldt 1974, 34 ff.; Korte 1982, 96 ff.).

Vom soziologischen Definitionsansatz her muß es nun pädagogisch suspekt erscheinen, wenn Erziehungsschwierigkeit und Lernversagen weiterhin als ein individuelles Problem des Schülers interpretiert werden. Der symbolische Interaktionismus arbeitet heraus, daß dieser Schüler um seine neue soziale Identität ringt, indem er gegen seine mit familiären und außerschulischen Erwartungshaltungen inkommensurable Rolle in der Schule revoltiert. Es handelt sich um ein Schulversagen aufgrund einer »Erkrankung der Beziehungsfunktionen«, der Schüler ist »schulkrank« (Clyne). Die Fallbeispiele von stigmatisierten schlechten Schülern sind interpretativ Ergebnis der allgemein gewordenen Situationsdefinitionen ihrer Lebensgeschichte. Das genetische Paradigma liefert eine »Rekonstruktion der Biographie ..., in der diese an das Stigma angepaßt wird« (Hohmeier 1975, 14). Der Betroffene selbst kann der Typisierung von Merkmalen, die mit dem Syndrom des sozial auffälligen schwachen Schülers einhergehen, kaum entrinnen. Aus ständig zugeschriebenen und damit erwarteten Eigenschaften werden schließlich tatsächliche im Sinne der self-fulfilling prophecy: »Stigmatisierte übernehmen infolge des Konformitätsdrucks Verhaltensweisen, die man bei ihnen vermutet« (Hohmeier 1975, 15).

Der soziale Definitionsvorgang von Behinderung kann auf drei Ebenen geschehen, die miteinander verbunden sind: in der unmittelbaren Ich-Du-Beziehung, in der das Anderssein des Behinderten vom ›Normalen‹ persönlich abgewehrt wird; auf der Ebene der Gruppe bei Ausgliederungsprozessen aus Familie, Schule, Gemeinde; im gesellschaftlichen Bezugssystem der Aussonderung, in dem der Behinderte vom öffentlichen Ansehen ›separiert‹ wird. Die Unterscheidung nach drei Analyseebenen erlaubt theoretisch eine Zusammenfassung interaktionistisch-soziologischer Beschreibungsmodelle von Behinderung und gesellschaftstheoretisch-politologischer Erklärungsmodelle von Behinderung: »Ja, eine materialistische Theorie der Erziehung erscheint als eine historisch bestimmte Form eines allgemeinen interaktionistischen Postulates« (Mollenhauer 1972, 187). Hauptargument ist, daß soziale Normen und Vorurteile, wie sie der Labeling approach aufdeckt, durch herrschende Gesellschaftsformen bedingt sind: »Behinderung entsteht nicht naturwüchsig d.h. nicht weil jemand diesen oder jenen abzugrenzenden Defekt hat, wird er in jedem Fall behindert. Entscheidend für das Entstehen von Behinderung ist das Bestehen von bestimmten gesellschaftlichen Vorstellungen darüber, was Behinderung sei. In einer patriarchalischen Agrargesellschaft wird man kaum Personen als behindert bezeichnen, die aufgrund bestimmter Defekte in unserer Gesellschaft verminderte Aussichten haben, eine geeignete Beschäftigung zu finden und beizubehalten«. Behinderung werde »sichtbar und damit als Behinderung erst existent, wenn Merkmale und Merkmalskomplexe eines Individuums aufgrund sozialer Interaktion und Kommunikation in Bezug gesetzt werden zu jeweiligen gesellschaftlichen Minimalvorstellungen ... sie existiert als sozialer Gegenstand erst von diesem Augenblick an« (Jantzen 1974, 19, 21–22; vgl. auch Jantzen 1987, 18).

Die interaktionistische und gesellschaftstheoretische Problematisierung des Behinderungsbegriffs hat keine eigenständige Theorie der Behindertenpädagogik hervorgebracht, wie es analog zu den Theoriengebäuden der Heilpädagogik und der Sonderpädagogik zu vermuten gewesen wäre. Das liegt in der Logik der Ableitung begründet: wenn der Status des Behindertseins letztlich eine Zuschreibung von den Erwartungshaltungen

Nichtbehinderter darstellt, wenn Behinderte ›produziert‹ werden – dann sollte dieses auch vermieden werden können. Eine interaktionstheoretische Behindertenpädagogik muß noch viel stärker als ihre Vorgänger bestrebt sein, sich selbst überflüssig zu machen.

Im Grunde lebt eine mit gesellschaftstheoretischem Erklärungsanspruch auftretende Behindertenpädagogik von dem idealistischen Impuls, die Verhältnisse wesentlich und dauerhaft bessern zu können. Schreibt schon der Labeling approach dem Pädagogen eine große individuelle Verantwortung und einen weiten Interaktionsspielraum zu, so kann die gesellschaftsorientierte Position diesen Impetus in sich aufnehmen und von seinen individualistischen Schwächen befreien. Die ›Gesamtgesellschaft‹ ist es, die den einzelnen in seinen Handlungszielen solidarisch stärkt. Dieses totale Ziel ist utopisch. Es ist nicht zu verkennen, daß sich ein so hoch gesellschaftstheoretisch angesetzter Begriff von Behinderung kaum in unmittelbare Hilfe für Behinderte wird umsetzen lassen, wenn ein konkreter Anlaß vorliegt. So lebt denn die gesellschaftstheoretische Erklärung der Behinderung letztlich von dem Fernziel einer alle Entfremdung aufhebenden Gesellschaft, die die mühevolle Realisation von Nahzielen einer Verbesserung des Loses der Behinderten irgendwann überflüssig macht.

4.4 Die Aufgabe der Theorienverknüpfung

Die historisch überlieferten und die heute vorhandenen Erklärungsstücke gestatten es nicht, von einer allgemein anerkannten Theorie der Behinderung und einer aus ihr abgeleiteten Pädagogik als konsistentem Lehrgebäude zu sprechen. Wir besitzen einen heuristischen Bezugsrahmen, in dem Ansätze einer behindertenpädagogischen Theorie ›mittlerer Reichweite‹ (Merton) angesiedelt sind. Das heißt: Sie sind nicht allgemeingültig, sondern von einem eingeschränkten Geltungswert. Behinderung als medizinischer, systemtheoretischer oder interaktionistischer Begriff stellt jeweils einen begrenzten Erklärungsansatz dar, der in Wirklichkeit die Komplexität des Sachverhalts Behinderung nicht in den Griff bekommt.

Beispielhafte Erklärungsweisen werden nach dem Vorschlag von Kuhn, der anhand der Geschichte der Naturwissenschaften den geradezu revolutionären Wechsel der Gewißheiten belegt hat, Paradigmen genannt (man denke etwa an den Übergang vom geozentrischen zum heliozentrischen Weltsystem durch Kopernikus und Galilei). Einem Paradigma kommt die Aufgabe zu, »die anerkannten Probleme und Methoden eines Forschungsgebietes zu bestimmen« (Kuhn 1967, 28). Es liefert ein Vorverständnis, ein Bezugssystem, das den Interpretationsrahmen festlegt. Paradigmen sind nicht allgemeingültig, sondern über einen Zeitraum hinweg geltende theoretische Begründungen. Sie werden praktisch durch Diskussion und Konsens der Forscher untereinander gewonnen; ihre Legitimation ist »die Billigung durch die maßgebliche Gemeinschaft« (Kuhn 1967, 131).

Die Behindertenpädagogik hat in den letzten zwei Jahrzehnten eine besonders lebhafte Diskussion über ihre paradigmatischen Theorien erlebt. Demnach lassen sich in der Zusammenfassung der obigen Abschnitte drei verbreitete Paradigmen beschreiben (Bleidick 1985 b, 254):

- Heilpädagogik als medizinisches Modell mit einem weitgehend personorientierten Begriff von Behinderung;
- Sonderpädagogik als systemsoziologisch faßbares Modell von Institutionendifferenzierung;
- Behindertenpädagogik als interaktions- und gesellschaftstheoretisches Modell.

Die verschiedenen Modelle bilden Zugangsweisen für behindertenpädagogische Maßnahmen. Sie sind Perspektiven: nicht auf Vollständigkeit hin angelegt, untereinander nicht sämtlich klar abgegrenzt und mehrfach gebrochen, für sich idealtypische Theorien begrenzter Reichweite, deren systemimmanente Teilrichtigkeiten so etwas wie eine multifaktorielle Betrachtungsweise des Phänomens Behinderung abgeben mögen. Vielleicht entspricht es der pädagogischen Mannigfaltigkeit von Behinderung und den sozialen Aufgaben, die sie stellt, daß an Stelle einer geschlossenen behindertenpädagogischen Theorie nur Aspekte, Einzelanalysen von segmentierter Bedeutung anzutreffen sind.

Wenn die Mehrdimensionalität des pädagogischen Behinderungsbegriffs eine mehrperspektivische Betrachtungsweise nahelegt, dann liegt es auf der Hand, diese zunächst in der wechselseitigen Ergänzung der verschiedenen Behinderungskonzepte zu suchen. Diese vermögen ihre Lücken untereinander zu kompensieren. Die Eindimensionalität, die mitunter kaum zu übersehende Einseitigkeit der ›substantialisierenden‹ medizinischen Kategorien, der überschätzte Handlungsspielraum des

Labeling approach, der alles entschuldigende Systemzwang, der auf gesellschaftspolitische Leitvorstellungen verkürzte Behinderungsbegriff treten zurück, wenn sie sich untereinander korrigieren. Das setzt voraus, daß dem dogmatischen Wahrheitsanspruch eines Paradigmas abgeschworen wird. Damit ist noch nicht die Frage erörtert, in welchen positiven Bestimmungsstücken sich Paradigmata ergänzen. Es genügt nicht zu sagen, daß sie ihre Mängel gegenseitig aufrechnen. Erstrebt man, sie auf einen gemeinsamen theoretischen Bezugsrahmen zu bringen, so geht das nur über Gemeinsamkeiten, über verbindende Elemente. Solche identischen Bestandteile liegen in der Handlungsrelevanz der Behinderungsbegriffe (Thimm 1979).

Jedes Paradigma von Behinderung hat die Konsequenzen, die seine handlungsorientierte Perspektive eröffnet. Da das Paradigma für sich genommen einseitig ist, überschätzt es den ihm zugemessenen Handlungsspielraum. Ein medizinisches Verständnis der Behinderung geht somatische und somatopsychische Ursachen an, will Defekte heilen, bestenfalls Vorsorge verbessern. Der Interaktionismus muß das Lehrerverhalten ändern und Stigma-Management betreiben. Handeln auf vorgegebene Systembedingungen sucht die Schule als Organisation zu optimieren, Behinderte einzugliedern und nicht auszugliedern. Der gesellschaftstheoretische Ansatz muß notwendigerweise die Gesellschaft verändern wollen, die Behinderte produziert.

Die methodischen Schwierigkeiten, über stimmige Theoriebestandteile unterschiedlicher Paradigmen von Behinderung zu einem umfassenden Rahmenparadigma der Behindertenpädagogik zu kommen, legen ein pragmatisches Vorgehen nahe. Ein systemoffener Oberbegriff für alle Behinderungen sollte darauf abgestellt sein, gegenüber Gesetzgebern und Öffentlichkeit zielgruppenorientiert eine wirksame Sozialhilfe für Behinderte zu erreichen. Seine sozial- und bildungspolitische Handlungsrelevanz bildet den Verknüpfungsrahmen. Der Begriff der Behinderung sollte den Personenkreis angeben, dem wir qualifizierte Hilfe und Förderung zukommen lassen wollen. Die pragmatische Sozialhilfe für alle Gruppen von Behinderten liefert den Rechtsgrund für einen ebenso praktikablen wie weiten und unorthodoxen Behinderungsbegriff. Entfiele dieser Rechtsgrund – etwa wenn sich die Verhaltensgestörten und Lernbehinderten selbst und die Initiatoren ihrer Sozialhilfe nicht mehr über den mit ihrer Bezeichnung gemeinten Inhalt verständigen könnten – dann müßte die Theorie der Behindertenpädagogik auch in ihrer Begriffswahl modifiziert werden.

Die Sonderpädagogik hat schon immer ihre Tätigkeit durch Hilfe für Behinderte zu rechtfertigen gesucht (Rössel 1931). Das ist legitim, wenn sie die sozialen Bedingungen nicht außer acht läßt. Denn was hülfe es, wenn sich der Sonderschullehrer mit der Versicherung betrügt, er habe mehr für seine Schüler getan als der Grundschullehrer; wenn aber zugleich weiterhin ihre Diskreditierung in der Öffentlichkeit und ihre geringen beruflichen Möglichkeiten offenbar sind? Die Funktion der sonderpädagogischen Hilfe muß neben ihrer individuellen Adressierung auch im sozialen Kontext legitimiert werden. Diese Ergänzung liefert jedes über das klinisch-psychologische Verständnis hinausgehende Behinderungsmodell. Labeling approach und gesellschaftskritische Sonderpädagogik haben die tradierten Normenbestände der idealistischen und medizinisch orientierten Heilpädagogik wohltuend aufgelockert. Wir müssen jetzt darauf achten, daß die neue behindertenpädagogische Theorie nicht in Kausalerklärungen einerseits und ideologische Orientierungen andererseits unversöhnlich auseinanderfällt.

Dies ist am besten dadurch zu vermeiden, daß die Verknüpfung der Handlungsperspektive bewußt gehalten wird. In systemtheoretischer Sicht müssen verschiedene Ebenen der Sozialorganisation Beachtung finden: 1. Ebene: Vorhandene Behinderungen müssen, dies ist immer pädagogisches Nahziel, konkret versorgt werden. Hier gilt durchaus das medizinisch-psychologische Modell. 2. Ebene: Die Handlungskompetenz der Pädagogen muß verbessert werden, daß sie Zuschreibungsprozesse unter Kontrolle hält. 3. Ebene: Dem schwerfälligen System bürokratischer Schulorganisation gegenüber ist Skepsis und Widerstand geboten, daß sie dem individuellen Fall wie alternativen Lösungen mehr Raum gebe. 4. Ebene: Die politischen Strukturen sind zu verbessern (unter welchem Vorzeichen immer man dies auch zu tun beabsichtigt, und was dem demokratischen Meinungsbildungs- und Entscheidungsprozeß unterliegt).

Es gibt eine Reihe von behindertenpädagogischen Zentralbegriffen, die so allgemein gehalten sind, daß sie umfassende Aufgaben der pädagogischen Hilfe für Behinderte mehrdimensional zusammenfassen. Insbesondere sind die Aspekte der Integration und Rehabilitation zu nennen. Wenn Integration als personale Sinnerfüllung und soziale Eingliederung verstanden wird, dann ist damit zugleich ein pädagogisches Anliegen beschrieben (s. o. 3.2.1). Der Begriff der Rehabilitation (ursprünglich wörtlich: Wiedereingliederung) entstammt der Fürsorgebewegung des ausgehenden 19. Jahrhunderts und dem heutigen Sozialrecht. Er hat den Vorteil, neben internationaler Verständlichkeit die interdisziplinäre Kooperation bei allen Maßnahmen der Hilfe für Behinderte auszudrücken. So werden medizinische, pädagogische, berufliche und soziale Phasen der Rehabilitation unterschieden (Stroebel 1975).

Der Gedanke der Normalisierung entstammt den wohlfahrtsstaatlichen Bemühungen, die zuerst in den skandinavischen und anschließend in den nordamerikanischen Ländern in den 40er und 50er Jahren dieses Jahrhunderts zur Verbesserung der Daseinsbedingungen von Minderheiten einsetzten. In bezug auf Behinderte erlangten sie einen ersten Höhepunkt mit dem Dänischen Fürsorgegesetz von 1959, das die Normalisierung des Lebens von geistig Behinderten formuliert: »Normalisierung bedeutet: den geistig Behinderten ein so normales Leben wie möglich zu gestatten.« Die Normalisierung bezieht sich auf die Bereiche: normaler Tagesrhythmus; Trennung von Arbeit – Wohnen – Freizeit; normaler Jahresrhythmus; normaler Lebenslauf; Respektierung der Bedürfnisse geistig Behinderter als normal; angemessene Kontakte zwischen den Geschlechtern; normaler wirtschaftlicher Standard; normale Standards der alltäglichen Wohn- und Lebensbedingungen.

Normalisierung ist ein spiralförmig sich entwickelnder Prozeß, der seinen Ausgang von der Normalisierung der Lebensbedingungen nimmt: Herausnahme aus geschlossenen Anstalten zugunsten gemeinde- und familiennaher Wohnformen. Das Ziel dieser Maßnahmen ist, für den Behinderten ein höheres Niveau an sozialem Ansehen und an sozialer Kompetenz zu erreichen. Dieses ermöglicht dann in einem nächsten Schritt die Etablierung weiterer normalisierter Lebensbedingungen, etwa im Arbeits- und Beschäftigungsbereich. Die erreichte Ebene fungiert wiederum als Mittel zur Aufwertung der sozialen Rolle des Behinderten – und so fort. Der Endpunkt des so verstandenen Normalisierungsprozesses wäre dann die physische (im äußerlichen Beieinander sich ausdrückende) und die soziale (einer humanen Akzeptanz zwischen Behinderten und Nichtbehinderten Ausdruck gebende) Integration (Thimm u. a. 1985, 10).

Das Verhältnis von Ziel und Mittel im Begriff der sozialen

Integration ist im lebenslangen Normalisierungsprozeß des Individuums und im historischen Gesellschaftsprozeß insofern spiralig zu verstehen, als die Perspektiven von Ziel und Mittel wechseln. Bank-Mikkelsen (1980) hat in der Tradition einer praktisch-politischen Durchsetzung des Dänischen Fürsorgegesetzes immer wieder betont, daß über lange Zeiträume hinweg Normalisierung als Ziel anzusehen sei und Integration (die zuerst immer physische, äußerliche Integration ist) ein Mittel auf dem Wege zu diesem Ziel. Damit schloß er nicht aus, daß Segregation – wenn die Besonderung spezieller Hilfen im Schul- und Berufsausbildungsbereich so ausgedrückt werden mag – in vielen Fällen als probates Mittel zur Normalisierung notwendig sei. Die Diskussion im Gefolge der Empfehlung des Deutschen Bildungsrats, die erstmals hierzulande das Gegensatzpaar Integration versus Isolation von Behinderten zum bildungspolitischen Schlagwort erhob (1973, 16), hat aus der fragwürdigen Polarisierung mitunter kurzschlüssige bildungspolitische Konsequenzen abgeleitet, die weder von der sozialpolitischen Theorie des Normalisierungsgedankens noch von seiner administrativen Praxisumsetzung, geschweige denn im Lichte interkultureller Übertragbarkeit verantwortbar waren.

Die zunächst einfache, pragmatische Formulierung des Normalisierungsgedankens – bzw. seines höchsten Ziels, der sozialen Integration – wehrt eine Reihe von Mißverständnissen ab. Der Behinderte soll ein Leben so normal wie möglich führen können. Dies erfordert einfach, Behinderte so zu behandeln, wie man selbst behandelt werden möchte. Wohnen, Arbeit und Freizeit sind hierfür die entscheidenden Bewährungsfelder. Normalisierung ist damit nicht ›Normalmachung‹, Anpassung des Behinderten an die Leistungs- und Verhaltensstandards der Nichtbehinderten. Wolfensberger (1984) hat dahingehend das Normalisierungskonzept neu zu formulieren für erforderlich gehalten. Es gehe um die »social role valorization«, um die Aufwertung der sozialen Rolle des Behinderten, um seine Anerkenntnis als Person so, wie sie ist. In diesem Verständnis stellt sich Normalisierung als ein behindertenpädagogisches Rahmenparadigma dar, das – zumal in seiner internationalen Verbreitung und Verständlichkeit – die Aspekte der Therapie, der spezifischen institutionellen Versorgung, der Rehabilitationsgesetzgebung und der sozialen Eingliederung des Behinderten umfaßt.

5. Wissenschaftstheoretische Aspekte der Behindertenpädagogik

Pragmatische Festlegungen zum Begriff der Behinderung, bildungspolitische Wandlungen und Theorienvielfalt lassen die Frage aufkommen, ob es wissenschaftliche Kriterien gibt, nach denen sich entscheiden läßt, welche Theoreme ›richtig‹ und welche ›falsch‹ sind, was für die Betroffenen besser oder schlechter ist. Darum geht es in diesem Kapitel. Nach Aristoteles heißt die über die Welt des Sichtbaren, die Erscheinungen der Physik hinausgehende, jenseitige Betrachtungsweise Metaphysik. Ein Aussagesystem, das noch jenseits der inhaltlichen Theorien liegt, wird als Metatheorie bezeichnet. Die Metatheorie ist eine Theorie aller Theorien. Sie fragt nach den Bedingungen der Möglichkeit, nach dem zureichenden Grunde, wie Theorien als geordnete Wisseneinheiten, mithin als Wissenschaft, überhaupt zustande kommen. Diese Theorie des wissenschaftlichen Erkenntnisgewinns heißt Wissenschaftstheorie. Als solche ist sie nicht mehr Pädagogik, sondern ein Zweig der Philosophie – auch wenn sie sich jetzt (neben anderen Anliegen) mit der Wissenschaftsbegründung der Pädagogik befaßt.

Noch eine weitere terminologische Erläuterung ist erforderlich. Einige Wissenschaftstheoretiker unterscheiden die Namen Wissenschaftstheorie und Methodologie. Unter Methodologie kann man die Lehre von den wissenschaftlichen Vorgehensweisen verstehen. Für die nachfolgenden Betrachtungen sei definiert: Die Methodologie als Lehre von den Methoden der Wissenschaft regelt die Normen des Forschungsprozesses, die logische Richtigkeit des Zustandekommens von Theorien; Wissenschaftstheorie reflektiert darüber hinaus auch die gesellschaftlichen Bedingungen des Forschungsprozesses.

Die wissenschaftstheoretischen Fragen der Behindertenpädagogik sind in drei Unterkapiteln abgehandelt. Zunächst werden die methodologischen Grundlagen der Behindertenpädagogik entwickelt. Eine Anwendung des methodologischen Prüfverfahrens findet sich im sogenannten Konstitutionsproblem, mit dem Theorien der Heilpädagogik, der Sonderpädagogik und der Behindertenpädagogik als normative oder als empirische Aussagesysteme begründet werden. Die Trennung von Werten und Erkennen, d.h. von erfahrungswissenschaftlichen und philosophischen Wissensformen, mit einem im engeren Sinne empirischen Wissenschaftsbegriff, hat zur Konsequenz, daß der Philosophie der Erziehung von Behinderten, ihren anthropologischen Grundannahmen und einer Ethik für die Behindertenpädagogik, ein eigenes Unterkapitel gewidmet ist.

5.1. Zur Methodologie der Behindertenpädagogik

Wissenschaftliche Erkenntnisbildung stellt sich als aufsteigende Abstraktion von Thesen, Hypothesen, Theorien und Systemen dar. Thesen sind Einzelbehauptungen von Erfahrungssätzen. Hypothesen sind zu Erklärungen zusammengestellte Sätze. Theorien sind Hypothesen, die in einen Geltungsrahmen integriert sind. Systeme sind zusammenhängende Theorien. Die Entstehung wissenschaftlicher Aussagesysteme läßt sich am Modell der aufsteigenden Logik nachvollziehen, dem sogenannten H-O-Schema (Hempel/Oppenheim 1948): Erklärung eines Phänomens durch Unterstellung unter ein Erklärungsprinzip – Prognose künftiger Ereignisse durch Unterordnung von Einzeltatsachen unter das gewonnene Erklärungsprinzip – Kontrolle des allgemeinen Erklärungsprinzips durch erneute Thesen, Hypothesen und Theorien.

These, Hypothese, Theorie und System bilden die Inhaltsstruktur eines wissenschaftlichen Aussagesystems; Erklärung, Prognose und Kontrolle ihre Prozeßstruktur. Ein Beispiel soll das verdeutlichen. – These: In Grundschulen versagende Schüler fühlen sich in Sonderschulen wohler. Hypothese: Sie fühlen sich wohler, weil sie unter sich sind und nicht ständig mit leistungsstärkeren Schülern verglichen werden. Theorie: Erklärungszusammenhang der ›Bezugsgruppe‹. System: Bezugsgruppentheorie als genetische und systematische Einordnung des Legitimationssystems ›Sonderschule‹. – Erklärung: warum sich Sonderschüler wohler fühlen. Prognose: daß sie sich auch künftig nach Überweisung in eine Sonderschule wohl fühlen. Kontrolle: ob sie sich auch tatsächlich immer und unter allen Bedingungen wohl fühlen oder eben nicht.

Wissenschaften stellen ein System von Erkenntnissen über die Wirklichkeit dar. Sie beziehen sich auf Natur (die physische Welt), Gesellschaft (die soziale Welt) und Denken (die psychische Welt). Die Kenntnisse selbst umfassen: 1. empirische Erkenntnisse (die auf Erfahrung, Beobachtung und Experiment beruhen); 2. theoretische Erkenntnisse (die Folgerungen aus empirischen Erkenntnissen in bezug auf Gesetzesaussagen enthalten); 3. methodologische Erkenntnisse (die Verfahrensweisen der Erkenntnis und des Forschungsweges umfassen); 4. Kenntnisse von Voraussetzungen (Prämissen, Wertentscheidungen) und Schlußfolgerungen (in bezug auf die Anwendung der Erkenntnisse auf eine veränderte Praxis).

Wissenschaftliche Theorien haben sich dem Kriterium der Überprüfbarkeit zu stellen. Die Prüfung kann eine empirische oder eine logische sein. Empirische Überprüfbarkeit heißt Prüfung auf Übereinstimmung mit tatsächlichen Verhältnissen, die eine Aussage verifiziert oder falsifisiert. Logische Überprüfbarkeit heißt logische Stimmigkeit und Konsistenz der rationalen Begründung. So gibt es für Stigmatisiertwerden und Identitätsverlust Behinderter zahlreiche empirische Belege. Die gesellschaftstheoretisch-politökonomische Deutung von Behinderung als Behindertsein in kapitalistischen Gesellschaften, die Behinderte als Arbeitskräfte minderer Güte produzieren, ist empirisch widerlegbar, weil es in allen, auch in den nichtkapitalistischen, Gesellschaften Behinderte gibt (auch wenn sie dort ›Geschädigte‹ heißen).

Zusammengefaßt geht es um den Objektivitätsanspruch von Theorien, um die Richtigkeit von Aussagen der Wissenschaft. Wir unterscheiden hierbei den Wahrheitsgehalt einer Theorie, ihre empirische Bestätigung, von ihrem Geltungswert, der Richtigkeit ihrer methodischen und gesellschaftlichen Begründung. Ersterer wird als quaestio facti bezeichnet: die Frage, was ist, die Feststellung der Tatsache. Letzterer ist die quaestio juris: die Frage, was sein soll, was als richtig gelten soll.

Zur Gewinnung von richtigen Aussagen nach dem Kriterium der Intersubjektivität – das heißt, daß zwischen zwei Subjekten eine sachlich und logisch zwingende Übereinstimmung der Urteile besteht – müssen wir uns auf einige Gedankenoperationen einigen. Der erste Schritt besteht in der Grundunterscheidung von empirischen Sachverhalten, die durch Erfahrung intersubjektiv prüfbar sind, und Normen, die auf subjektiven Werturteilen, Glaubensstandpunkten, weltanschaulichen und politischen Basisentscheidungen beruhen. Die Entscheidung, Erkennen und Werten, Wissenschaft als Erfahrungswissenschaft und Philosophie als Wertaussagesystem zu trennen, stellt seit Jahrzehnten einen Dissens in den Sozialwissenschaften dar, der in der Soziologie zuerst als ›Positivismusstreit‹ bekannt wurde, eine insofern falsche Bezeichnung, als der pejorative Gebrauch des Wortes Positivismus nicht dem eigentlich zugrundeliegenden Werturteilsstreit entspricht. Die Aufarbeitung in der Pädagogik dürfte seitdem noch nicht abgeschlossen sein (zur Allgemeinen Pädagogik Büttemeier/Möller 1979; zur Behindertenpädagogik Bleidick 1984, 347ff.).

Worin liegt nun das Problem, das die Erziehungswissenschaftler über den Wissenschaftsbegriff von Pädagogik entzweit? Der Sachverhalt ist durch den Doppelcharakter von Erziehung – und mithin die Duplizitätsaussage wissenschaftlicher Pädagogik gegeben. Erziehung hat es mit Sein und Sollen zu tun, mit Tatsachen der Erziehung und mit Werturteilen über ihre normative Bestimmung. Man kann sich das an einem geläufigen Beispiel klarmachen. In der täglich stattfindenden Erziehung wird gestraft: durch die Mutter, durch den Lehrer; verbal, mit Prügel und mit sublimem Liebesentzug. Das ist (leider) eine Tatsache. Die empirische Wissenschaft von der Erziehung kann dazu deskriptiv Wenn-Dann-Aussagen machen, die auf Beobachtung, Fragebogenerhebung und psychologischer Messung beruhen. So wird durch alle Arten von Strafe die äußere Disziplin zwar verbessert, zugleich aber werden Duckmäuser oder Rebellen erzogen. Dieses Ergebnis ist feststellungswissenschaftlich beweisbar, intersubjektiv richtig. Bei einer solchen wissenschaftlichen Fragestellung bleibt indessen eine wichtige Seite der Erziehungsstrafe ausgeklammert. Die Frage für den verantwortlichen Erzieher ist nämlich, ob er strafen soll. Er kann und muß die Auffassung vertreten, daß zumal eine entehrende körperliche Bestrafung die Person in ihrer Würde verletzt. Aber diese Haltung ist nicht allgemeingültig. Sie kann nicht beanspruchen, richtig zu sein im Sinne einer intersubjektiven Gültigkeit. Sie beruht auf einer ethischen Basisentscheidung oder auf einem Glaubensstandpunkt des einzelnen Erziehers. Daß es so etwas gibt wie ›personale Unversehrtheit‹ und daß sie in ihrer Würde durch Strafe tangiert wird, ist überhaupt nicht objektiv, zuverlässig und valide empirisch nachweisbar (psychoanalytisch interpretiert, gibt es so etwas wie ein Schuld- und Strafbedürfnis, und eine psychoanalytisch begründete Theorie der Erziehung könnte darin bestehen, diese Selbstbestrafungstendenz als Sühne in einem gewissen Maße befriedigen zu wollen). Hiermit steht keine objektive gleich intersubjektive Richtigkeit im erfahrungswissenschaftlichen Sinn zur Debatte, wohlhingegen aber eine gleichsam höhere Auffassung von ›Wahrheit‹ worauf es in der Erziehung letztlich ankomme.

Es fällt nicht schwer, die Duplizität pädagogischer Betrachtung in vielen Einzelfragen der Pädagogik und der Behindertenpädagogik auszumachen. Die Gleichberechtigung und Akzeptanz Behinderter unter Nichtbehinderten ist eine humane Forderung, eine Sollbestimmung, eine normative Wertsetzung unabhängig von ihrer Verwirklichung. Sie enthält ein Werturteil über das Bezugssystem von Normalität und Behinderung in unserer Gesellschaft. Es ist dagegen eine empirische Frage, ob eine gemeinsame Kindergartenzeit behinderter Kinder mit besser lernfähigen Kindern, eine integrative Beschulung und eine kooperative berufliche Bildung und Beschäftigung möglich sind. Es hilft hier nicht viel, wenn dergleichen appellativ gefordert wird. Es bedarf der Erforschung und der deskriptiven Analyse von Bedingungen, unter denen Normalisierung stattfinden oder, erwiesenermaßen, scheitern kann. Es leuchtet auf der anderen Seite ein, daß das, was ist, durchaus nicht immer sein soll. Die Ableitung des Sollens aus dem Sein enthält einen in der philosophischen Ethik stets beanstandeten ›naturalistischen Fehlschluß‹.

Die historische Erfahrung und die gegenwärtigen gesellschaftlichen Zustände lehren ferner, daß es keine restlose wissenschaftliche Übereinkunft über eine Rangordnung von Werten und Normen gibt. Wissenschaften sind immer wieder mißbraucht worden, um politische Entscheidungen mit dem scheinbaren Gütesiegel der Richtigkeit zu immunisieren. Für die neuzeitliche Sozialpolitik gegenüber Behinderten gibt es dafür ein besonders krasses Beispiel. Das »Gesetz zur Verhütung erbkranken Nachwuchses«, mit dem die Nationalsozialisten 1933 Eugenik und Euthanasie von Behinderten (und rassisch und politisch Mißliebigen) einleiteten, hatte zur legitimatorischen Begründung eine ›wissenschaftlich‹ anerkannte Erbideologie zur Hand. Nicht nur die Inquisition des Mittelalters, auch Stalinismus und kapitalistische Nationalökonomie erfuhren solche ›wissenschaftlichen‹ Rechtfertigungen.

Es gibt in dieser Situation, so hatte schon Max Weber 1904 gefolgert (vgl. 1951, 157ff.), nur eine vernünftige Lösung: Die Wissenschaften sind aus der Politik herauszuhalten. Wissenschaft sollte wertfrei sein; soziales Handeln dagegen ist von konkreten Normen bestimmt. Für die Wissensformen in der Gesellschaft stellt sich infolgedessen eine Zweiteilung dar: die wertfreien, verhältnismäßig objektiven empirischen Wissenschaften auf der einen Seite, die wertbestimmten Basisentscheidungen subjektiven sozialen und politischen Handelns auf der anderen Seite. Für letztere bietet sich der Begriff der Philosophie im weiten Sinne immer dann an, wenn es um Rechtfertigungen sozialen Tätigseins im Überbau geht. Festzuhalten wäre mithin, daß sich der Begriff der Wissenschaft im engeren Sinne nurmehr auf deskriptive Erfahrungswissenschaften beschränkt.

Die These, nach der Wissenschaften keine Werturteile abgeben sollen, geht von der Differenz der Natur- und Geisteswissenschaften aus. »Die Natur erklären wir, die Seele verstehen wir«, hatte Dilthey gesagt. Dem entspricht der Unterschied von Naturwissenschaften als ›nomothetischen‹, d.h. kausal erklärenden und Gesetze gebenden Wissenschaften, und von Geisteswissenschaften als ›ideographischen‹, das Einzelne geschichtlich beschreibenden und verstehenden Wissenschaften (Windelband). Die Verstehensweise der Geistes- und Sozialwissenschaften ist an subjektive Wertungen und Einfühlungen gebunden. Im strengen, erfahrungswissenschaftlichen Sinne kommt ihnen kein Wissenschaftscharakter zu. Darum, so folgerte Max Weber, seien Werturteile immer dann aus den Wissenschaften zu verbannen, wenn man den Anspruch von Wissenschaft als möglichst exakter Wissenschaft aufrechterhalten wolle. Das, was über exakte Wissenschaften hinausgeht, nennt man Philosophie. Die kritischen Rationalisten haben unter dem zunächst von Weber übernommenen Postulat »Wertfreiheit als methodisches Prinzip« (Albert 1968) die Handlung in zwei motivationale Komponenten aufgespaltet, in Erkenntnis und Wertung. Dadurch gelingt es, die »grundsätzliche Verschiedenheit von Information und emotional getönter Verhaltenssteuerung bewußt zu machen« (Topitsch 1968, 21).

Mit der radikalen methodologischen Lösung des Werturteilsproblems sind nun zweifellos etliche Folgeprobleme gegeben. Sie lassen sich in der klassischen Warnung Wittgensteins zusammenfassen: »Wir fühlen, daß selbst wenn alle möglichen wissenschaftlichen Fragen beantwortet sind, unsere Lebensprobleme noch gar nicht berührt sind« (1960, 82). Der Atomwissenschaftler, der sich nicht mehr um die militärpolitische Verwendung einer Vernichtungswaffe kümmert, handelt dann zwar wertfrei; aber genau das ist praktisch nicht erwünscht: »Die positivistisch bereinigte Grenze zwischen Erkennen und Werten bezeichnet freilich weniger ein Resultat als ein Problem« sagt Habermas (1968, 301). Der Entschluß, Wertungen zu exterritorialisieren, kann also fatale Folgen haben. Jener Erzieher, der nur nach der vermeintlichen Effizienz von Strafe agiert und sich nicht um die ›Würde‹ des Bestraften sorgt, handelt ›technokratisch‹. Und wer lediglich die ökonomische Nützlichkeit der Menschen für die Volksgemeinschaft als Maßstab gelten läßt, für den sind ›genetisch Minderwertige‹ ein zu beseitigender Ballast. Die Wertungsabstinenz wissenschaftlichen Handelns macht diese anfällig für unerkannte Verwertungen, für freischwebenden Dezisionismus. Insofern liefert er den Deckmantel für verborgene Ideologie. Auch die Wertfreiheit von Wissenschaft ist selber eine vorgeschaltete Wertentscheidung.

Es ist dies ein Zusammenhang, der Aristoteles in der Unterscheidung von technischem Herstellungswissen (techne) und praktisch verantwortetem Handlungswissen (phronesis) geläufig war. Daraus resultierte die Forderung von einer Zusammenfügung von technischem Wissen des Fachmanns und politischem Wissen des Staatsmanns. Die Geschichte des abendländischen Denkens ist seit der Aufklärung den Weg der kritischen Trennung von Erkennen und Werten gegangen, allerdings nie ohne die idealistische Bemühung der Verbindung von Erfahrung und theoretischer Erkenntnis einerseits und der praktischen Vernunft und Autonomie des freien Willens andererseits. Seitdem stehen sich das Reich der Notwendigkeit und das Reich der Freiheit, empirische Welt und intelligible Welt (Kant), Erfahrungswissenschaft und Handlungsforderung als unbewältigte Antinomie gegenüber. Es liegt also nahe – wie es die Frankfurter Kritische Theorie von Horkheimer bis Habermas in immer erneuten Wendungen gefordert hat – eine »Konvergenz von Vernunft und Entscheidung« herbeizuführen und den »positivistisch halbierten Rationalismus« zu bekämpfen (Habermas 1976, 235 ff.).

Mit der Position Max Webers ist indessen zwei verbreiteten Mißverständnissen zu wehren. Einmal schließt das Postulat der Wertfreiheit keineswegs aus, daß der Wissenschaftler selbst

Werturteile abgibt. Wenn er dies jedoch tut, dann nicht in seinem Amt als Forscher und Wissenschaftler, sondern privat als Bürger und Philosoph. Seine Wertstellungnahmen sind nicht wissenschaftlich begründet, sondern politisches Handeln, das aus religiöser Überzeugung, weltanschaulicher Bindung oder philosophischer Basisentscheidung erwächst. Zum anderen trennt der Rationalismus im eigentlichen Sinn nicht Werturteil und Wissenschaft, sondern genauer Werturteile über Normen im Namen der Wissenschaft von metawissenschaftlichen Standpunkten, die über die Kriterien wissenschaftlicher Belange hinausgehen: »Unsere Unterscheidungen und unsere Entscheidungen hängen eng miteinander zusammen, auch im Bereich der wissenschaftlichen Tätigkeit. Dennoch sind die Wissenschaften dadurch gekennzeichnet, daß sie diesen Zusammenhang in einem gewissen Grade suspendieren« (Albert 1968, 182). Nicht die Ausschaltung, sondern die Unterscheidung von Wertaussagen bedingt, »daß eine der Aufgaben der wissenschaftlichen Kritik sein muß, Wertvermischungen bloßzulegen und die rein wissenschaftlichen Wertfragen nach Wahrheit, Relevanz, Einfachheit und so weiter von außerwissenschaftlichen Fragen zu trennen« (Popper 1976, 115).

Verbreitete Publikationen der Sonderpädagogik zeigen, daß es weitgehend noch nicht gelingt, Wertvermischungen zu vermeiden, zumal nicht in der Didaktik, wo es um das Zusammenfließen von normativen und deskriptiven Bestandteilen pädagogischer Aussagen geht. Ein Beispiel für viele stellen etwa Empfehlungen für den Unterricht in der Schule für Geistigbehinderte (1979) dar: »Der handlungsbezogene und am Projekt orientierte Unterricht entspricht dem praxisgeleiteten und situationsverhafteten Lernen des geistigbehinderten Schülers. Er geht von den Bedürfnissen, Interessen, Erfahrungen und Ansprüchen des Schülers aus. Der Gelegenheitsunterricht greift aktuelle, die Schüler interessierende Ereignisse auf und nutzt die Situationsverhaftetheit geistigbehinderter Schüler zur Anregung von Lernprozessen« (1979, 8). Der Text enthält zunächst deskriptive Ist-Behauptungen; praxisgeleitetes und situationsverhaftetes Lernen als kognitives Merkmal von Geistigbehinderten. In der Regel sind dies Erfahrungssätze von landläufigen Beobachtungen; empirisch kontrollierte Ergebnisse der Psychologie der Geistigbehinderten lassen solche Verallgmeinerungen nur sehr bedingt zu. Aus den angenommenen psychischen Tatbeständen wird defektorientiert zweierlei abgeleitet: daß ein diesen Lernweisen entsprechender handlungsbezogener (und projektorientierter) Unterricht effektiv ist, und weiterhin die Vorschrift, daß der Lehrer zur Anregung von Lernprozessen deshalb seinen Unterricht »die Situationsverhaftetheit nutzend« anlegen soll. Es ist bisher keine überzeugende empirische Untersuchung bekannt, die die Überlegenheit etwa des handlungsorientierten Unterrichts beweist. Es ist weiterhin nicht bekannt, daß Lehrer in der Lage sind, einen derartigen Unterricht, ausgehend von »Bedürfnissen«, wirkungsvoller durchzuführen. Die Empfehlungen übergehen das hier offenkundig werdende Defizit an erziehungswissenschaftlich-empirischem Gehalt durch die in der deutschen Pädagogik typische Flucht in eine essentialisierende Umwertung. Sie unterstellen normativ, etwas von den »Ansprüchen« der Geistigbehinderten zu wissen, und bestimmen diese letztlich. Sie verstoßen zudem gegen eine verbindliche Regel der Wissenschaftssprache. Sie kleiden präskriptive Handlungsanweisungen in deskriptive Sätze: »Der Gelegenheitsunterricht greift aktuelle Ereignisse auf ...«. Gemeint ist: Der Lehrer soll zweckmäßigerweise Gelegenheitsunterricht erteilen.

Das Fazit der vorangegangenen Diskussion läßt sich in ein Schema bringen (Bleidick 1984, 360). Pädagogik, verstanden als Praxis und Reflexion komplexer Erziehungs- und Unterrichtsvorgänge, findet ihre Ausrichtung in Erziehungswissenschaft und Erziehungsphilosophie. In der sich empirisch verstehenden Erziehungswissenschaft sind Wertvermischungen zu vermeiden. Erziehungsphilosophie als Wertaussagesystem hat die Aufgabe der Normenreflexion und Zielableitung. In der praktischen Pädagogik fließen beide Betrachtungsweisen wieder zusammen (Abb. 3).

Theorie der Erziehung	Erziehungsphilosophie normativ	Erziehungswissenschaft empirisch
	präskriptiv »Sollen« Basisentscheidung Werten	deskriptiv »Sein« Tatsachenbeschreibung Erkennen
Didaktik	»Weisungen« Lehre: Erziehungslehre Unterrichtslehre Richtlinien Lehrpläne	
Erziehungs-wirklichkeit	Praxis Verantwortung des handelnden Erziehers	

Abb. 3: Schema der Pädagogik

Die Konvergenz von Erkennen und Werten, Erfahrungswissen und Entscheidungen in der Erziehungswirklichkeit bei gleichzeitiger Anerkennung der säuberlichen Trennungslinien im theoretischen Reflexionsbereich hat mehrere Vorteile. Sie verbindet die Dialektik von Philosophie und Einzelwissenschaft mit der Dialektik von Theorie und Praxis und der »konkreten Vernunft« (Rothacker 1948, 141). Die Instanz für derartige Verknüpfungen bildet das Wahrheitskriterium gesellschaftlicher Praxis. In der Verantwortung des handelnden Pädagogen sind Ratio und Ethos, Erkennen und Werten, Theorie und Praxis, Handlungsvorschrift und Handlungsfreiraum verbunden. So kann z.B. das Votum für eine Gesamtschulintegration an Stelle der Befürwortung einer Sonderschule zweierlei sein: eine grundsätzliche Entscheidung für soziale Mischung und neue Formen sozialen Lernens im Miteinander von Behinderten und Nichtbehinderten oder aber die erfolgskontrollierte Aussicht effektiveren Lernens bzw. ihre Widerlegung, und beide Motive müssen jederzeit der Kritik zugänglich und widerrufbar sein, und sie wirken wechselseitig aufeinander.

Die hiermit dargestellte kritisch-rationalistische Methodologie der Behindertenpädagogik beinhaltet zuletzt eine erkenntnistheoretische Antwort auf die Frage nach der Richtigkeit von

Theorien. Danach gibt es keine ›richtigen‹ Theorien im Sinne von Allgemeingültigkeit. Theorien sind Suchverfahren einer Annäherung an tatsächliche Gegebenheiten. Sie sind immer nur so lange richtig, so lange sich ihre Annahmen nicht als falsch erwiesen haben. Die höchste Form empirisch-wissenschaftlicher Überprüfung ist daher das Falsifikationsprinzip der Analytischen Wissenschaftslehre. Sie überträgt das methodische Beweisverfahren der Naturwissenschaften auf die Sozialwissenschaften. Der wissenschaftliche Beweisversuch arbeitet mit hypothetischen Annahmen von Richtigkeit, die dann im Forschungsprozeß logisch und empirisch zu kontrollieren sind. Auf diese Weise werden Theorien verifiziert oder falsifiziert, bestätigt oder widerrufen. Das angenommene Richtige gilt so lange, wie es sich noch nicht als falsch erwiesen hat. So erklärt Popper: »Die Methode der Wissenschaft ist also die des tentativen Lösungsversuchs (oder Einfalls), der von der schärfsten Kritik kontrolliert wird. Er ist eine kritische Fortbildung der Methode des Versuchs und Irrtums (›trial and error‹)« (1976, 106). Wissenschaft kann sich damit niemals im Besitz grundsätzlich richtigen Bewußtseins dünken. Ihr Wahrheitsbewußtsein ist indirekt gegeben und zum anderen nur in einem fortführenden kritischen Wissenschaftsprozeß von relativer Dauer, im Prinzip der Falsifikation, der dauernden Fehlerkorrektur. Es ist »die Methode, dauernd nach Fehlern zu suchen, und frühzeitig kleine oder beginnende Fehler zu korrigieren« (Popper 1971, VIII). Anders gesagt: Die kritizistische Wissenschaftstheorie unterscheidet sich von allen Glaubenslehren, Weltanschauungen und philosophischen Basisentscheidungen dadurch, daß sie nicht das Richtige bestätigen, sondern das Falsche eliminieren will. Popper folgert: »Die sogenannte Objektivität der Wissenschaft besteht in der Objektivität der kritischen Methode; das heißt aber vor allem darin, daß keine Theorie von der Kritik befreit ist«. Darum ist »die einzige Form der Rechtfertigung unseres Wissens ... wieder nur vorläufig ... Eine darüber hinausgehende Rechtfertigung gibt es nicht« (1976, 106). So kann es auch kein letztlich allein richtiges System der pädagogischen Förderung von Behinderten geben. Alternative Formen sind auszuprobieren und immer wieder auf ihre Bewährung hin zu überprüfen.

5.2 Konstitutionsprobleme der Behindertenpädagogik

Erkenntnistheoretischer Rahmen, Geltungsparadigma und die Frage der Wertbasis von Wissenschaft haben im vorangegangenen Kapitel die formalen Argumente dafür geliefert, wie sich Pädagogik als System wissenschaftlich selbst zu begründen vermag. Wir sprechen vom Konstitutionsproblem. Die nachstehenden Ausführungen versuchen keine Übersicht über die in der wissenschaftlichen Pädagogik elaborierten Konstitutionsmodelle zu geben. Der knappe Aufriß behindertenpädagogischer Wissenschaftsmodelle ist metatheoretischer Natur: Er fragt vor dem Hintergrund der allgemeinpädagogischen Reflexion nach den Bedingungen der Möglichkeit von Wissenschaftsbegründung im Unterschied zu den inhaltlichen Theorien, die Aussagen zur Erziehung von Behinderten selbst machen (s.o. 4.1–4.3).

Die Entwicklung der pädagogischen Wissenschaft ist durch typologisch unterschiedliche Stellungnahmen zum Werturteilsproblem gekennzeichnet. So ging es der normativen Pädagogik noch darum, ihre Wissenschaftlichkeit durch die Begründung allgemeingültiger Zielsetzungen der Erziehung zu erlangen. Die deskriptive Pädagogik beschränkte sich auf empirisch faßbare Tatsachenaussagen. Wir wissen heute, daß beide Theoriesysteme als solche einseitig sind. Sie lassen das Spannungsverhältnis von Sein und Sollen unbewältigt. Der eigentliche Fortschritt neuzeitlicher Theoriebildung in der Pädagogik hat darin bestanden, zwischen Tatsachen und Entscheidungen, empirischer und spekulativer Methode eine dialektische Vermittlung herbeizuführen. In der geisteswissenschaftlichen Pädagogik wurde dafür die Formel des ›pragmatisch-hermeneutischen Verfahrens‹ gefunden (Wilhelm Flitner). Maßgebende Vertreter dieser über Jahrzehnte hinweg schulgebenden deutschen Pädagogik haben versucht, die geisteswissenschaftliche formale Dialektik von Litt, Spranger und Nohl durch Anschluß an die Kritische Theorie der Frankfurter Soziologie zu einer gesellschaftsbezogenen Dialektik weiterzuentwickeln. Ihr letztes Resultat ist eine Pädagogik mit dem Anspruch der ›kritischen‹ Erziehungswissenschaft. Es verlohnt, die dialektische Synthese von exakter technologischer Wissenschaft und philosophisch-politischem Wertaussagesystem noch stärker herauszuarbeiten, weil sie in der Allgemeinen Pädagogik wie in der Sonderpädagogik eine nicht abgeschlossene Diskussion markiert.

Einmal ist darauf zu achten, daß Pädagogik aufgrund ihrer »empirischen Wendung« (Roth) am Erfahrungsgewinn der exakten Wissenschaften teilhabe. Nur dadurch kann die Erziehungswissenschaft auf Dauer aus dem unfruchtbaren Streit von Meinungen und Behauptungen herauskommen. Zum anderen aber ist die Normenreflexion über Grundlagen und Ziele der Erziehung unhintergehbar. Denn eine sich als Naturwissenschaft verstehende Pädagogik unterliegt der Gefahr einer Verkürzung ihrer Aussagen auf die technische Operationalisierbarkeit. Die Entscheidung über Erziehungsziele würde dann einer kurzschlüssigen Ideologie der Machbarkeit ausgeliefert, die Ableitung von Normen in die Faktizität verlagert. Und es käme ein Umstand hinzu, der in der Abwendung von einer konfessionell oder politisch hörigen Pädagogik gerade vermieden werden sollte: der Dezisionismus, nämlich daß unaufgeklärte Politiker irrationale Entscheidungen ohne Normenkontrolle treffen.

Eine normative Heilpädagogik findet sich in der Tradition der katholischen, in abgewandelter Form auch in der evangelischen und anthroposophischen Erziehungsphilosophie (Bopp 1930; Löwisch 1969). Kennzeichnend ist die enge Anbindung an die christliche Wertphilosophie, die im theologischen Sinne dogmatisch gefaßt ist. Der Zentralbegriff ist – etymologisch und metaphorisch verstärkt – das ›Heil des Heilzöglings‹. Zuletzt ist das Glaubensfundament als Basis für eine erziehungswissenschaftliche Begründung von Montalta (1967, 16) formuliert worden: »Dieser Heilswille ist der Grundakt aller Erziehung. Er steht auch am Anfang jeder Erziehungstheorie, jeder Pädagogik und Heilpädagogik.«

In neuerer Zeit wird von Vertretern einer normativen Heilpädagogik der Vorbehalt intersubjektiver Normengeltung und pluralistischer Kritik in die Theorie einbezogen. Haeberlin nennt das – namentlich in bezug auf die lange Zeit theoretisch tonangebende Schweizer Heilpädagogik – zurecht eine »wissenschaftstheoretische Wende« (1980). Der Duktus normativer Wissenschaftskonstitution ist gleichwohl in aufgeklärter Form erhalten, allerdings bleiben die normativen Grundwerte ziemlich formal. Die Position kommt zunächst einer dialektischen Behindertenpädagogik nahe: »Ich bin einerseits überzeugt davon, daß die Wissenschaft sich selbst überschätzen würde, wenn sie nicht die Grenzen ihrer rational nachvollziehbaren Methode erkennen würde. Andererseits kann sie dennoch die Transparenz von normativen Grundlagen durch metatheoretische Vorschriften gewährleisten: zum einen durch die Vorschrift, normative Sätze gegenüber deskriptiven Sätzen syntaktisch zu kennzeichnen (wobei normative Sätze Bestandteile von heilpädagogischen Theorien sein dürfen bzw. sein sollen), zum anderen durch die Vorschrift, die Grundwerte explizit zu machen, welche hinter einzelnen normativen Sätzen stehen. Wenn diese Vorschriften von einem Heilpädagogen erfüllt sind, dann ist jenes Fundament an Überzeugungen und Glaubensbekenntnissen freigelegt, auf dem er seine Theorie aufbaut. Das Fundament selbst bleibt den wissenschaftlichen Methoden entzogen« (Haeberlin 1980, 12).

In ähnlicher Weise mit zumal dialektischen Denkmustern war die normative Spielart von materialistischer Behindertenpädagogik durchsetzt. Insbesondere sind es der Objektivitätsanspruch von Wissenschaft und die Festlegung auf ein allgemeingültiges Erziehungsziel, die die Klassifizierung einer normativen Pädagogik begründen: »Von pädagogischen Prozessen soll im folgenden erst dann gesprochen werden, wenn die sozialistische Persönlichkeitsentwicklung bewußt gesetztes Ziel ist ... Der Marxismus-Leninismus bildet sowohl das theoretische und ideologische Fundament als auch die methodologische Basis für die Rehabilitationspädagogik« (Theiner/Künne/Becker 1981, 132, 133). Die ostdeutsche Rehabilitationspädagogik und die westdeutsche materialistische Behindertenpädagogik unterscheiden sich in ihrem normativen Anspruch jedoch grundsätzlich. Letztere befand sich, staatstheoretisch gesehen, in einer anderen Gesellschaftsepoche (des Spätkapitalismus, im Gegensatz zur entwickelten sozialistischen Gesellschaft der ehemaligen DDR). Überdies enthält die westdeutsche materialistische Theorie deutliche, wenngleich mitunter verschwiegene, Spurenelemente neo-marxistischer Frankfurter Provenienz.

Eine deskriptiv-empirische Sonderpädagogik, wie sie vielfach als Antwort auf eine normative Pädagogik gefordert wurde, existiert als Metatheorie nicht. Dies hängt allerdings auch mit der Abstraktheit der wissenschaftstheoretischen Erörterung zusammen, die sich zwar in beredten methodologischen Forderungen ergeht, selbst aber nur wenig empirische Einzelforschung betreibt. Auf der anderen Seite entbehren empirische Inhaltstheorien einer Fachrichtung der Behindertenpädagogik, selbst dann, wenn sie als Übersichten (»Leitfaden«) auftreten, jeglicher Metadiskussion über den Aussagewert und das Geltungsproblem (so Masendorf/Walter 1983).

Es hängt dies damit zusammen, daß das Stadium des untheoretischen Zählens, kurz des naiven Empirismus, vielfach nicht überwunden ist. Klauer hat als ein führender Vertreter der empirischen Erziehungswissenschaft dies oftmals beklagt: »Vornehmliches Ziel jeder Wissenschaft ist die Theorie. Die empirischen Forschungsmethoden sind nichts anderes als Hilfsmittel, die es uns gestatten, geeignete Theorien von weniger geeigneten oder ungeeigneten zu unterscheiden« (1977, 83). Wie man sieht, schlägt eine logisch aufgeklärte empirische Pädagogik in den Kritischen Rationalismus um. Dessen ungeachtet fehlt es in der Sonderpädagogik ebenso wie in der Pädagogik überhaupt an empirisch prüfbaren Theorien, die den Einfluß der in der Realität bestimmenden Variablen messen und prognostische Angaben erlauben (vgl. zusammenfassend: Kanter 1985). Die fehlende Konsistenz von empirischer Metatheorie und den spärlichen erfahrungswissenschaftlichen Inhaltstheorien hat sicher differenzierte Gründe. Solange das Positivismusklischee als Feindbild herrscht und auf der anderen Seite eine puristische Methodenlehre die Kontrollgruppe als Mittel zur Einschüchterung gegen produktive Forschung aufbaut, ist hier kaum Besserung zu erwarten. Die »anarchistische« Wissenschaftstheorie eines Feyerabend (1976) findet in ihrer Skepsis gegenüber jeder freischwebenden Methodologie in der Behindertenpädagogik vielfach Bestätigung. Wichtige Arbeiten zur Psychologie, zur Soziologie, aber auch zur Didaktik führen wissenschaftssystematisch eher ein Eigenleben; sie lassen sich methodologisch nicht in die vorgegebenen typologischen Rahmen einordnen – anything goes. Daher kommt es auch, daß verbreitete Theorien – ob es sich beispielsweise um die Sozialschichtdeterminante von Lernbehinderung, die Überlegenheit des ganzheitlichen oder des einzelheitlichen Leseunterrichts u. dgl. handelt – durch empirische Untersuchungen nicht widerlegt zu werden pflegen.

Es liegt nahe, den spekulativ-normativen und den empirisch-deskriptiven Ansatz pädagogischer Wissenschaftsbegründung als Extrempositionen einer Methodologie zu sehen, zwischen denen es zu vermitteln gilt. In der Hinsicht sind es indes recht heterogene Bemühungen, die von der geisteswissenschaftlichen und transzendentalkritischen Pädagogik bis zu den Variationen des historisch-dialektischen Materialismus reichen.

Das Wesen des dialektischen Begründungszusammenhangs ist – in der Tradition der Methodik pädagogischen Denkens von Litt (1921) – die thetisch-antithetische Wechselbeziehung von Sein und Sollen, die Verschränkung der gestörten Bildsamkeit mit dem Ziel der Erziehung. Das Sollen des behinderten Menschen kann nicht durch Philosophie oder Theologie normativ festgelegt werden; das Sein des Geschädigten, wie es von den Nachbarwissenschaften der Pädagogik diagnostisch festgestellt werden kann, sagt uns noch nichts über Notwendigkeit, Sinn, Ziel und Methode seiner pädagogischen Führung aus. Das Sein des behinderten Kindes kenne ich noch nicht, wenn ich es medizinisch und psychologisch untersucht habe, sondern erst, wenn ich um sein Sollen auch im pädagogischen Sinne weiß. Was Sonderpädagogik ist, weiß ich erst, wenn ich entschieden habe, was Sonderpädagogik soll (vgl. Bleidick 1984, 380–381). Eine entsprechende Darstellung dieser Wissenschaftsverhältnisse ist schon Rössel in der Trias von Hilfsbedürftigkeit, Noch-Können und Helfen gelungen (1931, 38).

Gegenüber der mehr formalen geisteswissenschaftlich-dialektischen Methodologie ist die historisch-materialistische Dialektik stärker gesellschaftlich rückgebunden. Sie bevorzugt dafür den inhaltlichen Begriff der Wissenschaftstheorie an Stelle der Methodologie (Habermas). Ihr entschiedener Anspruch liegt im politischen Duktus: »Materialistische Analyse kann pädagogisches Denken und Handeln aus dem naiven politischen Systembezug befreien, weil sie dazu verhilft, die beobachteten Vorgänge im gesellschaftlichen Feld nicht personalistisch zu erklären, also nicht mit diesem oder jenem kulturpolitischen Repräsentanten zu identifizieren, sondern als systemabhängig zu interpretieren« (Gamm 1980, 96). In Anlehnung an die Bezeichnung »Kritische Erziehungswissenschaft« sprechen selbsternannte Vertreter dieser Richtung von »Kritischer Sonderpädagogik« (Gerspach 1981). Wissenschaftstheoretisch ist ihr Programm vielfach vorformuliert, praktisch indessen – von wenigen Ausnahmen in der Lernbehindertenpädagogik abgesehen – kaum eingelöst. Für eine kritisch-dialektische Behindertenpädagogik lassen sich folgende Aufgaben ableiten (Bleidick 1984, 337):

- An die Stelle wertfreier Pluralität und subjektiver Verpflichtung hat die offizielle Parteinahme für die Behinderten zu treten, und hierbei wäre die Einheit von Erkenntnisweise und Wertbindung zu legitimieren.

- Die kritische Sicht der Sonderpädagogik muß ihre Ansicht von richtiger Gesellschaft offenlegen, in der Behinderte nicht sozial benachteiligt werden, in der Behinderung gesellschaftlich vermittelt ist.
- Für das Ziel der Erziehung von Behinderten hat Emanzipation zu gelten, die den Behinderten nicht mehr Objekt der Gesellschaft sein läßt und die seine Selbstbestimmung freisetzt.

Dem Prinzip der Wertfreiheit folgt eine Rationalistische Behindertenpädagogik insofern, als sie darauf achten will, aus erfahrungswissenschaftlichen Aussagemengen Werturteile herauszuhalten. Werturteile gehören in die Philosophie der Erziehung von Behinderten; dort haben sie ihren legitimen Ort. Sie sind vorwissenschaftlich-privat, als freie und subjektive politische oder religiöse Basisentscheidungen zu respektieren. Zur Ideologiekritik des behindertenpädagogischen Wissenschaftsbetriebes gehört es, Wertvermischungen aufzudecken, wenn sich erziehungsphilosophische Ziel- und Wertaussagen über Behinderte den Anschein wissenschaftlich bewiesener Tatsachen geben und wenn die intersubjektiv erfahrungswissenschaftlich prüfbaren Beschreibungen der Erziehung von Behinderten mit Sinndeutungen von unzulässigem hermeneutischem Verallgemeinerungsgrad befrachtet werden. Die Verbannung von emotional getönten Werturteilen aus der Wissenschaft der Erziehung von Behinderten muß nicht gegen die Parteilichkeit und begriffslosen Pluralismus verteidigt werden, sondern vielmehr gegen Indoktrination und Manipulation, Hybris und Besserwisserei. Dies ist bis in die Sprache der Behindertenpädagogik hinein beachtenswert: Erziehungsphilosophie kann präskriptive Elemente verwenden. Erziehungswissenschaft hat sich einer nüchtern-deskriptiven Sprachregelung zu bedienen. Daß die Pädagogik der Behinderten wie Allgemeine Erziehungswissenschaft als Sozialwissenschaft zu gelten beansprucht, impliziert allerdings eine Entscheidung für Sozialwissenschaft als Erfahrungswissenschaft und gegen normative Soziologie; zur Erziehungsphilosophie gehört ihr sozialphilosophisches Pendant.

Die Pädagogik der Behinderten sollte ohne Substanzverlust auf ›gesamtgesellschaftliche‹ Analysen verzichten können, wenn sie sich als ›Stückwerk-Sozialtechnologie‹ begreift. Das heißt, daß sie das Wissen um gesellschaftliche Wahrheit und wissenschaftliche Richtigkeit nicht gepachtet hat. Sie weiß um die Verbesserungsmöglichkeiten der bestehenden Maßnahmen und Institutionen zur pädagogischen Förderung von Behinderten, um die Korrekturnotwendigkeit des Falschen. Schon deshalb kann es nicht ihre Aufgabe sein, mit negativistischem Fehlerblick das Unzulängliche zu kritisieren und subversiv bloßzustellen. Vielmehr hat sie sich der schrittweisen Evolution der vorhandenen Behindertenpädagogik zu widmen, auch wenn diese im Detail alternative Modelle zu verwirklichen nahelegt. Erziehungspolitisch wie erziehungswissenschaftlich ist das die Methode des tentativen Lösungsversuchs. Die Praxis der Erziehung und des Unterrichts von Behinderten kann in ihrer Effektivität und Kritikbereitschaft immer nur ein Spiegelbild ihrer theoretischen Überhöhung in der Erziehungswissenschaft und Erziehungsphilosophie selbst sein. In der Verantwortung des handelnden Pädagogen sind Vernunft und Entscheidung gebunden. Für die Zukunft der behindertenpädagogischen Professionalisierung wird es angesichts der zu erwartenden gesellschaftlichen Wandlungen darauf ankommen, daß der Sonderpädagoge seine Berufsrolle stärker reflektiert. Der Erzieher von Behinderten sollte ein politisches Bewußtsein haben, das der Schonraum der früheren Heilpädagogik nicht in dem Maße kannte. Er ist, wie die Kritische Sonderpädagogik wohl zurecht betont hat, Partei für die Interessen der Behinderten und ihr Sozialisationsagent. Eine solche Aussage ist nun keineswegs ein Freibrief für festgeschriebene politische Doktrinen in der Behindertenpädagogik. Auch hier dem Pluralismus verpflichtet, kann die Theorie der Erziehung von Behinderten dem Pädagogen nicht vorschreiben wollen, welche gesellschaftswissenschaftliche Richtung allein zum Nutzen oder zum Schaden geschädigter Menschen ist. Es obliegt der gesellschaftlichen Verantwortung des Pädagogen, herauszufinden, mit welcher Politik er dem pädagogischen Anliegen der Behinderten und sozial Benachteiligten am besten zur Durchsetzung verhilft. Wäre es anders, würde die lange herrschende religiös-konfessionelle Heilpädagogik nur durch eine politisch-konfessionelle Sonderpädagogik abgelöst, auch wenn dies unter dem Deckmantel geschieht, das Wissen um die richtige Gesellschaft für Behinderte allein zu besitzen. Der Pädagoge, der sich Behinderten widmet, hat jene Spannung auszuhalten, die das Verhältnis von politischen Fernzielen zur Verbesserung der gesellschaftlichen Lebensbedingungen und pädagogischen Nahzielen der unmittelbaren Hilfe für die ihm anvertrauten Kinder und Jugendlichen ausmacht. Um ein Gesamtziel politischer Aktion zu wissen, ohne daraus eine kurzschlüssige Praxis abzuleiten, die unmittelbar das Los der Geschädigten um einer fernen Zukunft willen verschlechtert, ist ebenso wichtig wie der Einsatz für das Hier und Heute sonderpädagogischer Tätigkeit, die darüber nicht die politische Relevanz des täglichen Tuns außer acht lassen darf.

In seiner Berufsrolle hat der Erzieher von behinderten Kindern und Jugendlichen drei Funktionen auszuüben (Bleidick/Ellger-Rüttgardt 1979, 104f.): den technisch-instrumentellen Berufspraxisbezug, der die empirischen pädagogischen Wissenschaften didaktisch-technologisch zu handhaben weiß; den kritisch orientierten Berufspraxisbezug, der nach den jeweiligen gesellschaftlichen Normen fragt, denen diese Praxis dient; den pragmatischen Berufspraxisbezug, der Fertigkeiten unterrichtlichen und erziehlichen Handelns mit theoretischer Reflexion verbindet. Auf diese Weise kann die Person des Behindertenpädagogen in Einklang zu bringen versuchen, was die differenzierte und spannungsreiche Vielfalt der Behindertenpädagogik ausmacht: Werthaltung und Erfahrungswissen, Theorie und Praxis.

5.3 Eine Ethik für die Behindertenpädagogik

Wenn die Entscheidungen politischen Handelns und subjektiver Verantwortung letztlich nicht wissenschaftlich begründbar sind, dann stellt sich die Notwendigkeit einer philosophischen Rechtfertigung ethischer Normen als umso dringlicher dar. Eine Ethik für die Behindertenpädagogik besitzen wir nicht als ausgeformtes Lehrgebäude, ebenso wenig wie es einen Konsens über eine von allen anerkannte Theorie der Behindertenpädagogik gibt. Die Schwierigkeiten zur Aufstellung einer gültigen und für einen möglichst großen Kreis von Menschen und für möglichst viele Fälle des Lebens verbindlichen Ethik resultieren aus der Verfassung unserer pluralistischen Gesellschaft: Es gibt nicht die eine Wahrheit, sondern plures (lateinisch: viele) Anschauungen darüber, was richtig ist und was der einzelne zu tun hat. Darum hat eine Ethik für die Behindertenpädagogik den schmalen Grat zwischen Toleranz für andere Entscheidungen und subjektiver Gewissensverpflichtung einzuhalten.

Der Umstand, daß es keine elaborierte Ethik als System gibt, bedeutet keineswegs, daß moralische Urteile und ethische

Handlungen oder zu mißbilligende Einstellungen gegenüber Behinderten nicht schon immer tatsächlich vorhanden sind. Die Geschichte der Behindertenpädagogik ist voll von Zeugnissen, denen wir ethisch Belang beimessen. Es gibt bereits eine Wohltätigkeit im Alten Ägypten, mit der eine vorbildliche Fürsorge für Blinde und Lahme und ihre Bemühungen um Bildung verbunden sind (von den Driesch 1959). Über das gesamte Mittelalter hinweg findet eine intensive Auseinandersetzung mit dem Phänomen der menschlichen Behinderung statt. Wie die Geschichte der Heilpädagogik zeigt, ist die Haltung gegenüber Behinderten widersprüchlich (Möckel 1988): Die intakte Großfamilie vermag Behinderte und sozial Benachteiligte eher in den Sippenverband zu integrieren, als das in der heutigen hochdifferenzierten und leistungsbetonten Industriegesellschaft möglich erscheint. Der ›Dorftrottel‹ gehörte zum sozialen Zusammenleben; er war zwar nicht als Mensch von unverwechselbarem Wert akzeptiert, aber er war auch nicht sozial verachtet und ausgegrenzt. Auf der anderen Seite ist Behinderung mit einem Faszinosum des Geheimnisvollen, wenn nicht des Bösen besetzt. Selbst bei Luther findet sich der Glaube von den ›Wechselbälgen‹: Das behinderte Kind ist nicht von seinen (gesunden) Eltern, sondern vom Teufel ›untergeschoben‹ (Bachmann 1985). Solche ›Wesen‹ sind keine Menschen, sie dürfen getötet werden.

Die Frage der richtigen Haltung gegenüber Menschen mit Gebrechen, mit Entstellung, mit fehlenden ›menschlichen‹ Attributen wie Sprache, Gesichts- und Gehörsinn, Intellekt und intakter Körperlichkeit, mit Behinderung – sie verbindet sich darum allzuschnell mit den Lehren der Eugenik und der Euthanasie. Unter Eugenik verstehen wir die Erbpflege, die biologische Zielsetzung einer Gesunderhaltung der menschlichen Art. Euthanasie (nach der griechischen Herleitung) bedeutet schöner, leichter Tod; Sterbehilfe, die recht bald mit einer Tötung des vermeintlich als ›unwert‹ empfundenen Lebens einhergeht. Eugenik und Euthanasie haben ihre Wurzeln im Sozialdarwinismus des 19. Jahrhunderts, einer mit pseudobiologischen Argumenten versehenen politischen Theorie, nach der der Kampf der Arten und die Durchsetzung des Starken, Leistungsfähigen und Gesunden eine gesellschaftliche Aufgabe ist. Einen Höhepunkt dieser Lehre markierte die Schrift von Binding/Hoche über die »Freigabe der Vernichtung lebensunwerten Lebens« (1920). Sie war ein wesentlicher ideologischer Wegbereiter der nationalsozialistischen Verbrechen zwischen 1934 und 1942: Etwa 70 000 Behinderte sind in dieser Zeit in Deutschland getötet, circa 350 000 zwangssterilisiert worden (Klee 1989).

Die Bedrohung durch Eugenik und Euthanasie stellt nur einen besonders markanten Bewährungsfall für die ethische Sicht von Behinderung und die pädagogischen Belange des Behindertseins dar. Im Grunde steht dahinter die Frage nach einer richtigen Haltung, die die – von der Mehrheit der Nichtbehinderten geprägte – Gesellschaft gegenüber ihren Kranken und Beladenen haben soll. Die griechische Philosophie der Antike nannte die Lehre vom guten Tun, von der sittlichen Haltung Ethos (das gewohnte Leben, Sitte, Charakter; vgl. Höffe 1986, 54). Moral meint demgegenüber das konkrete sittliche, gute Tun. Ethos und Ethik sind abstrakte Werte; Moral ist tatsächliches Wohltun, Caritas (Bleidick 1988 b, 69).

Die Forderung nach einer Ethik für die Behindertenpädagogik mündet folglich in einen Tugendkatalog, wie der Sonderpädagoge beschaffen sein soll, welche Haltung der ›gute Erzieher‹ der Behinderten haben muß (Bleidick/Ellger-Rüttgardt 1978). Der Pädagoge Adolf Diesterweg hat dafür, ironisierend, ein bekanntes idealistisches Zitat geprägt: »Mit Recht wünscht man dem Lehrer die Gesundheit und Kraft eines Germanen, den Scharfsinn eines Lessing, das Gemüt eines Hebel, die Begeisterung eines Pestalozzi, die Wahrheit eines Tillich, die Beredsamkeit eines Salzmann, die Kenntnis eines Leibniz, die Weisheit eines Sokrates und die Liebe Jesu Christi.« Die Aufgabe besteht, von diesem anspruchsvollen Bild genügend realistische Motivation in den Berufsalltag des Erziehers hinüberzuretten. Das zeigt sich insbesondere bei der Erörterung des Menschenbildes, das die Pädagogik und die Pädagogen vom Behinderten als Grundlage ihres Tuns haben. Das Menschbild ist geradezu ein Bewährungsfeld für die Ethik der Behindertenpädagogik (im folgenden Bleidick 1990 c).

Erziehung enthält Leitvorstellungen vom Menschen. Alle Pädagogik besitzt ein implizites Menschenbild. Für die Behindertenpädagogik stellt sich die Frage, welches Bild vom Menschen für Erziehung, Unterricht, beruflich-gesellschaftliche Eingliederung und Therapie förderlich ist. Die aktuelle Diskussion um moralische Probleme bei einer Bewertung behinderten Lebens – Pränatale Diagnostik und Eugenik, Selektiver Fetozid und Euthanasie, Embryonenforschung und Gentherapie – zeigt, daß es Menschenbilder von Behinderten gibt, die den Betroffenen schaden. Eine Ethik für die Behindertenpädagogik hat bestehende anthropologische Vorstellungen aufzuklären und Kriterien für die Beurteilung förderlicher und hinderlicher Menschenbilder zu erörtern. Ein allgemeingültiges Menschenbild für die Behindertenpädagogik gibt es nicht, wohl aber die Rechtfertigung des richtigen Tuns im konkreten Einzelfall. Es ist unhintergehbares Gebot für die Behindertenpädagogik, hierbei den Interessen der Betroffenen uneingeschränkt Geltung zu verschaffen.

In unserem Bild vom Menschen spielen Behinderung und Behindertsein eine feste Rolle: Vorurteil, Schicksalsgläubigkeit, Angst, Mitleid, aber auch Solidarität bilden Facetten einer weiten Streuung von Meinungen, die man soziologisch wertfrei auszählen kann. Diese Einstellungen sind, das ist ein zweiter Gesichtspunkt, historisch vielfach gebrochen und vermittelt. Sie beruhen nicht nur auf unserer persönlichen Biographie der Kenntnis und des Umgangs mit behinderten Menschen, sondern sie stehen in der Tradition des christlichen Abendlandes und des säkularisierten naturwissenschaftlichen Weltbildes, der offiziellen Sozialpolitik und des historischen Erbes der nationalsozialistischen Vergangenheit. Wenn es zum dritten als Frage der Moral gilt, welche Haltung ich gegenüber behinderten Mitmenschen einnehme, dann bezeichnet Ethik das systematische Nachdenken über die Anerkenntnis richtiger Handlungsnormen. Das alles hat, viertens, Folgen für die Behindertenpädagogik. Es steht außer Frage, daß es für die gesellschaftliche Akzeptanz und die Erziehung von Behinderten förderliche und hinderliche Menschenbilder gibt. Pestalozzis Zuwendung zu den vernachlässigten Kindern in Stans (1799) und des Abbé de l'Epées Bemühungen um ein taubstummes Mädchen (1760) sind von einem Menschenbild beeinflußt, das wir pädagogisch für gut halten. Demgegenüber muß die Kennzeichnung des lebensunwerten Lebens von Behinderten als verwerflich gelten.

Probleme der ethisch verantwortlichen Einstellung zu Behinderten haben im Zeitalter internationaler Verflechtungen eine europäische, wenn nicht eine weltweite Perspektive. Damit sind Chancen einer höheren Nutzung des Forschungspotentials für eine Verbesserung der rehabilitativen Maßnahmen gegeben. Auf der anderen Seite besteht die Gefahr einer Verselbständigung supranationaler Institutionen, deren bürokratische Autonomie sie der parlamentarischen Kontrolle entzieht – um den Preis eines Verlustes grundlegender humaner Positionen.

Die europäischen Aktivitäten zur Verbesserung der gesellschaftlichen Eingliederung Behinderter weisen im letzten Jahrzehnt eine respektable Bilanz auf. 1981 wurde in der Europäischen Gemeinschaft eine Abteilung für »Aktionen zugunsten behinderter Mitmenschen« eingerichtet. Das 1983 ausgearbeitete gemeinschaftliche Aktionsprogramm ist unter dem Namen HELIOS zusammengefaßt (Handicapped People in the European Community Living Independently in an Open Society). In der ersten Phase (1984–87) ging es um die Unterstützung nationaler Aktivitäten durch internationale Expertenberatung. Im zweiten Programmabschnitt (1988–91) werden »Gemeinschaftsnetze« mit ca. 80 lokalen Modellaktivitäten zu den Bereichen »Berufliche Beschäftigung, Ausbildung, Wiedereingliederung«, »Soziale Integration und selbständiges Leben« sowie »Schulische Integration« angeregt. HELIOS hat sich in etlichen Stellungnahmen und Dokumentationen zu Transportproblemen, Gemeinschaftseinrichtungen, Freizeit, Wohnungen für Behinderte, Diagnoseprogrammen, schulischer Integration und unabhängiger Lebensführung geäußert (vgl. Ellger-Rüttgardt 1990). Das ist die eine Seite.

Der enorme Fortschritt der Molekularbiologie hat auf der anderen Seite faktische Entwicklungen der medizinischen Praxis in Gang gesetzt, die den Anstrengungen humaner Verbesserung des Ansehens und der Situation von Behinderten zuwiderlaufen. Ein Symptom dafür ist der länderübergreifende Forschungsoptimismus der prädiktiven (voraussagenden) Medizin, durch eine Feinanalyse des menschlichen Erbgutes genetisch bedingte Defekte möglichst früh zu ermitteln, durch Eingriffe zu kontrollieren und vor allem von der weiteren Fortpflanzung auszuschließen. Die in zahlreichen Kliniken der USA und in Japan laufenden Versuche haben zu Überlegungen in der Europäischen Gemeinschaft geführt, diese Programme europaweit in einem Projektverbund »Prädiktive Medizin: Analyse des menschlichen Genoms (1989–1991)« zu koordinieren.

In der Begründung (Kommission der Europäischen Gemeinschaften 1988) heißt es: »Zusammengefaßt zielt prädiktive Medizin darauf ab, Personen vor Krankheiten zu schützen, für die sie von der genetischen Struktur her äußerst anfällig sind und gegebenenfalls die Weitergabe der genetischen Disponiertheit an die folgende Generation zu verhindern ... Wenn die Gene identifiziert worden sind, die mit einem erhöhten Risiko für die gängigen Krankheiten ... in Verbindung stehen, wird sich die

Möglichkeit zu Reihenuntersuchungen der Bevölkerung ergeben. In Westeuropa, mit einer Bevölkerung mit zunehmendem Durchschnittsalter und einem damit verbundenen stetigen Kostenanstieg im Gesundheitswesen, sind die Aussichten sowohl auf billigere Tests als auch auf frühzeitiges Eingreifen, wodurch eine Abnahme der Erkrankungshäufigkeit möglich wird, äußerst attraktiv ... Dies wäre der beste Weg, um die Europäer generell davon zu überzeugen, daß die Schaffung eines Europas der Gesundheit nicht nur eine Frage der Öffentlichkeitsarbeit, sondern gelebte Realität ist.«

Das Programm formuliert unverhüllt eugenische Zielsetzungen unter dem Vorwand therapeutischer Absichten und vor dem Hintergrund ökonomischer Überlegungen. Welche Folgen ein derartiges sozialpräventives Denken hat – nämlich Behinderungen und Behinderte aus der ›gesunden Gesellschaft‹ möglichst überhaupt abzuschaffen – enthüllt ein dem Europäischen Parlament in 1988 vorgelegter Gesetzentwurf zur »Verringerung der Zahl anomaler Kinder«, wo es in Artikel 1 heißen sollte: »Ein Arzt begeht weder ein Verbrechen noch ein Vergehen, wenn er einem Kind von weniger als drei Tagen die zum Überleben notwendige Pflege verweigert, wenn dieses Kind ein unheilbares Gebrechen aufweist, derart, daß man voraussehen kann, daß es niemals ein lebenswertes Leben führen können wird.« Die Vorlagen haben im Europaparlament bislang keine Mehrheit gefunden; eine endgültige Entscheidung zur Weiterführung der Genom-Analyse-Forschung ist noch nicht gefallen.

Immerhin bieten die Vorgänge ein Lehrstück, welcher Art das Menschenbild von Behinderung ist, das hinter solchen politischen Entwicklungen steht. Alle Erziehung ist auf ein Ziel hin gerichtet, auf ein Mehr an Wissen, Fertigkeiten und Tugenden, mit denen der Mensch im Leben bestehen soll. Erziehung besitzt eine ihr innewohnende teleologische Struktur. Dieses Ziel der Erziehung ist von mehr oder weniger bewußten, mehr oder minder konkreten Menschenbildern geleitet, auf die hin wir erziehen wollen: Mein Kind soll es mal besser haben als ich, das Abitur machen, einen ordentlichen Beruf ergreifen, politisch verantwortlich tätig sein usw. Es ist auf Anhieb sichtbar, daß dieses Menschenbild vom Ideal des Gesunden, Schönen, Tüchtigen, Intakten, Erfolgreichen bestimmt wird. Das Menschenbild atmet den Zeitgeist der modernen Welt. Es blickt von jeder Litfaßsäule herab und leuchtet in Reklamespots allabendlich über die Mattscheibe. Es überrascht daher nicht, wenn pädagogisches Denken jene gesundheitsfetischistische Tradition mit sich führt, die bei den Spartanern beginnt, und die 1760 in Rousseaus Émile ihren beredten Ausdruck findet: »Émile hat alles, um darin etwas zu leisten; er ist kräftig, gewandt, ausdauernd, unermüdlich« (4. Buch; Ausgabe 1967, 43). Alles, was diesem Maßstab nicht genügt, muß von minderem Wert erscheinen.

Es ist also nur folgerichtig, wenn in einem »Europa der Gesundheit« nach Wegen gesucht wird, Behindertsein um jeden Preis zu vermeiden. Und es läßt sich überhaupt nicht bestreiten, daß der an sich plausible Gedanke der Prävention – wenn er in seiner technokratischen Radikalität losgelöst wird von den humanen Grundforderungen der Solidarität mit Hilfsbedürftigen und Benachteiligten – auf die unter uns lebenden Behinderten als Alptraum einer schrecklichen Lebensbedrohung herabfällt: Wie wollen wir eigentlich den Behinderten neben uns klar machen, daß sie nicht biologische Betriebsunfälle sind, die besser hätten verhindert werden müssen?

Es ist nur noch ein kleiner Schritt bis hin zu den publizistisch wirksamen Äußerungen von Singer, die den Anlaß für eine international Aufsehen erregende Moraldiskussion um die Tötung behinderter Säuglinge gegeben haben: »Der Kern der Sache ist freilich klar: die Tötung eines behinderten Säuglings ist nicht moralisch gleichbedeutend mit der Tötung einer Person. Sehr oft ist sie überhaupt kein Unrecht« (1984, 188). Singer selbst verdient allerdings kaum die Beachtung, die ihm nach der öffentlichen Resonanz gezollt wird. Sein Buch von 1979 (deutsch 1984) ist in mehrfacher Hinsicht ohne wissenschaftlichen Wert. Philosophisch bleibt es, auch wo es in der Tradition des englischen Präferenz-Utilitarismus argumentiert, oberflächlich. Medizinisch ist es grotesk uniformiert. Spina bifida, Langdon Down und Blutererkrankung werden, ungeachtet der weiten Streubreite ihrer Schwere, als Erkrankungen angesehen, die ein lebenswertes Leben ausschließen sollen.

Ein solches Menschenbild vom Behinderten ist nicht tragfähig als Fundament, als Rechtfertigungsgrund und als praktische Motivation für pädagogische Bemühungen. Es verneint das Lebensrecht des Behinderten und desavouiert damit auch jeden Ansatz für Erziehung, Unterricht, Therapie und gesellschaftliche Eingliederung bei den Behinderten, die unter uns mit uns leben und bis ins Schul- und Erwachsenenalter gekommen sind.

So schlüssig diese Feststellung ist, so schwer tut sich die Pädagogik jedoch, wenn sie über die Kritik hinderlicher Menschenbilder hinaus Aussagen über richtige und förderliche Leitbilder der Erziehung machen soll.

Wir sind gebrannte Kinder. Die Einsicht in die geschichtliche Relativität pädagogischer Zielsetzungen hat uns gelehrt, daß Leitbilder Ausdruck ihrer jeweiligen Epoche sind und daß es kein Mittel gibt, der Zeitgebundenheit ihrer sich noch so allgemeingültig gebenden Ableitungen zu entrinnen. Von der Scholastik bis zum Aufklärungsoptimismus, vom Handbuch der Erbbiologie des Menschen der Nationalsozialisten (Just 1939) bis zum philosophischen Utilitarismus ist immer wieder versucht worden, anthropologische Leitvorstellungen wissenschaftlich für verbindlich zu erklären. Flitner hat das so kritisiert: »Weder der deutsche Mensch noch der europäische, weder der christliche noch der humanistische, weder der mit Blut und Boden verbundene noch der sozialistische oder kommunistische brauchen uns zu pädagogischen Entscheidungen aufzufordern; Schemen sind sie allesamt, sogar gefährliche. Das pädagogische Denken muß Ernst machen mit der Einsicht in die Geschichtlichkeit des menschlichen Daseins« (1954, 35f.).

Die neuere Erziehungswissenschaft hilft sich mit der Unterscheidung von empirisch-soziologischem Menschenbild und normativem Bildungsideal (Reble 1959, 51). Wohl wissend, daß auch die Bildungsziele von unseren geschichtlich gegebenen anthropologischen Vorstellungen abhängen, vermag ideologiekritische Haltung zu erkennen, daß die historisch relativen Menschenbilder nie allgemeingültige Zielgrößen der Erziehung sein können. Es gehört zur conditio humana, daß der Mensch als frei in seinen Möglichkeiten, als offene Frage verstanden wird: »Darum muß die Pädagogik die Forderung nach einem zugrundeliegenden Menschenbild als unangemessen zurückweisen ... Nur in der Anerkennung dieser vollen Bildlosigkeit kann sich der Mensch für die unabsehbaren neuen Möglichkeiten seines Lebens offenhalten« (Bollnow 1965, 52, 53).

Somit gilt auch für die Sonderpädagogik das Gebot »Du sollst Dir kein Bild vom Behinderten machen« (Bleidick 1984, 431). Unser Menschenbild, das von den Erfahrungen als Nichtbehinderte vermittelt ist, würde ihm die Möglichkeiten verstellen, die seinem Wesen entsprechen: Es würde den Geistigbehinderten am Vollbilde geistiger Bildung messen, den Gehörlosen am künstlichen Maßstab der Sprache der Hörenden, das türkische Gastarbeiterkind an einer ihm artfremden Kultur. Es ist eingewandt worden, eine solche Position sei standpunktlos, und sie eröffne gerade dadurch dem Dezisionismus falscher Leitbilder das Tor.

Der Einwand übersieht, daß gerade der Versuch, allgemeinverbindliche Maßstäbe zu politisch-sozialen Handlungsregelungen zu erklären, durch die Erfahrungen der nationalsozialistischen Vergangenheit bis hin zu den Versuchen der Gentechnologie gründlich diskreditiert ist. Wie eine Ethik für die Behindertenpädagogik dann aussehen muß, das ist eine äußerst schwierige Frage, deren Freiheitsgrade nicht in einfachen Lösungen abzustecken sind.

Das technisch machbare Bild vom Menschen hat in den letzten zwei Jahrzehnten in geradezu revolutionärer Weise eine neue Qualität erhalten. Das gilt für Biologie und Medizin, Sozialpolitik und Pädagogik gleichermaßen. Das 21. Jahrhundert wird ein Säkulum der Gentechnologie: Gen-Diagnostik, Genom-Analyse, Gen-Technik und Gen-Therapie eröffnen uns unvorstellbare neue Einblicke und Möglichkeiten, dem Bauplan der Natur näherzukommen, die Erbsubstanz des Menschen zu entschlüsseln.

Zwar ist die Zahl der menschlichen Gene groß: Von den ca. 100 000 Genen sind allein 30–50 000 für die Hirntätigkeit verantwortlich. Ihre Erforschung steht erst in den Anfängen, aber sie hat begonnen. Bereits 3 000 Erbkrankheiten sind beschrieben; in Einzelfällen ist die Isolierung eines schadhaften Gens auf bestimmten Chromosomen möglich. Gentechnik erlaubt die Neukombination von naturidentischen Eiweißen wie Insulin gegen Diabetes und Erythropoietin zur Bildung roter Blutkörperchen. Es ist keine Utopie mehr, in absehbarer Zeit Krebs und Rheuma, Herzinfarkt und Aids mit Hilfe der Gentechnik behandeln zu können. Gentherapie besteht in einem genetischen Eingriff in die Keimbahnzellen: Gene gesunder Zellen werden zum frühestmöglichen Zeitpunkt beim Embryo an einer bestimmten Stelle eines Organs eingepflanzt, um kranke Zellen zu verdrängen. In der Regel ist das Reparieren von defekten Genen nicht möglich. Ein Gentest, der etwa die erbliche Belastung beider Eltern für die Bluterkrankheit nachweist, ist unausweichlich mit der Frage verbunden, ob abgetrieben werden soll. Der Hintergrund dieser Überlegungen verdichtet sich im Forschungsplan einer umfassenden Genom-Analyse, einer Kartographie von Genen bei Pflanzen, Tieren und Menschen, die als Zukunftsvision zu einem Genpaß für jeden Menschen führt, wonach das Versicherungsrisiko in seiner individuellen Biographie vorausgesagt werden kann (Baumann-Hölzle/Bondolfi/Ruh 1990).

Die Veränderungen unseres naturwissenschaftlichen Weltbildes haben tiefgreifende Folgen für eine Neubewertung des menschlichen Lebens. Seit 1978 das erste Retortenbaby Louise Brown auf die Welt kam, scheint der Mensch machbar geworden. Wir durchbrechen Grenzen, die in Jahrmillionen Menschheitsgeschichte von der Natur gesetzt waren. Die Intensivmedizin hat uns mehr Behinderte beschert, weil früher nicht lebensfähige Säuglinge erhalten bleiben und Alte länger leben. Neue Grundfragen müssen formuliert werden: Was ist Leben? Was ist sinnvolles Leben? Wann ist Leben ein erfülltes, ein ›lebenswertes‹ Leben? (vgl. Sass 1989).

Darum ist die Leistung der Gentechnologie ambivalent; »denn dicht neben Gefahren liegen Verheißungen. Künstliche Befruchtung gefährdet Leben, ist aber selbst eine alternativelose Form des Erzeugens von Leben. Embryonenforschung vernichtet Leben, kann aber längerfristig therapeutischen und damit Heilzwecken dienen. Genetische Untersuchungen und Manipulationen sind mit kaum abschätzbaren Gefahren verbunden, versprechen aber auch, Krankheit und Leid zu verringern« (Leist 1990, 9).

Als Idealbild erscheint der leidensfreie Mensch, das störungsfreie gesunde Leben. Wer kann es dereinst noch wagen, die pränatale Diagnostik nicht in Anspruch zu nehmen und ein behindertes Kind auf die Welt zu bringen? Darum ist Gentechnologie, ideologisch gesehen, immer auch Eugenik. Der gesellschaftliche Selektionsdruck wird zunehmen. Für geschädigtes, behindertes Leben auf dieser Welt wird das unerbittliche Folgen haben. Psychoanalytisch gesehen ist der Behinderte das mißratene, negative Abbild seiner Eltern, das beschädigte alter Ego. Die Versuchung ist groß, das korrigieren zu wollen. Wir heißen das medizinische und soziale Prävention und verstecken dahinter unsere Angst vor dem Behindertsein. Insofern sind Prävention als Vermeidung von Behinderung und Integration als Eingliederung des Behinderten in eine akzeptierende Gesellschaft gegenläufig: »Prävention hat ein Doppelgesicht. Sie verspricht, Leiden im Gefolge von Krankheit und Behinderung gleichsam an der Wurzel zu bekämpfen – und steht damit zugleich im Dienst einer stromlinienförmigen, behindertenfeindlichen Normalität gesellschaftlicher Leitbilder wie Gesundheit und Intelligenz« (Antor 1989, 21; vgl. auch Antor 1991).

Es verwundert denn auch nicht, wenn ökonomisches Nützlichkeitsdenken als wesentliche Triebkraft solcher Argumentationsrichtungen auszumachen ist. Gewiß kostet das soziale Netz der Hilfe für Benachteiligte und Behinderte Geld. Es muß von der leistungsfähigen Gesellschaft der Gesunden aufgebracht werden. Die Finanzierbarkeit des Sozialstaates hat ihre Grenzen. Die Frage ist, wo diese Grenzen gezogen werden und wieweit die Solidargemeinschaft zwischen dem unverdienten Lebensglück des Wohlbefindens und der unverschuldeten Notlage von Betroffenen ihre humanitäre Bewährungsprobe erreicht. Nimmt man die offizielle Sozialpflicht des Staates zum Maßstab, so greift Pessimismus Platz. Bis in öffentliche Preisverleihungen hinein und Förderung durch das Bundesministerium für Arbeit und Sozialordnung weht der Geist der Kosten-Nutzen-Bilanz einer Hilfe für Behinderte und deren prophylaktische Entsorgung (so die Arbeiten von Stackelberg 1980 und Passarge/Rüdiger 1979). In letzterer Publikation heißt es: »In absoluten Zahlen ständen Aufwendungen für die Pflege der Kinder von jährlich rund 61,6 Mio. Aufwendungen für ihre Prävention in Höhe von rund 13,5 Mio. gegenüber. Dies würde bei einer Kosten-Nutzen-Relation von 0,25 jährlich eine Einsparung von rund 48 Mio. bedeuten« (Passarge/Rüdiger 1979, 23).

Die Philosophie des Ultilitarismus liefert dafür die Legitimation im Gewande eines rationalistischen Weltbildes. Daran hat sich auch in jüngster Zeit nichts geändert. So fehlt dem Rehabilitationsbericht der Bundesregierung von 1989 offenbar jegliche Sensibilität für das prekäre Verhältnis von einer gesundheitspolitischen Risikoabschätzung und einer tatsächlichen Hilfe in Problemlagen der Betroffenen, wenn es in der regierungsamtlichen Erfolgsbilanz lautet: »Insbesondere Frauen und Männer, deren Belastung mit vererbungsfähigen Risikofaktoren bekannt ist, haben die Möglichkeit zur genetischen Beratung, um die Risiken einer Schwangerschaft abwägen und gewichten zu können ... Auch regelmäßige Vorsorgeuntersuchungen während der Schwangerschaft zum Erkennen und zum Ausschluß weiterer Risikofaktoren werden mehr und mehr zur Selbstverständlichkeit« (Behinderte und Rehabilitation 1989, 15).

Wir können naturgemäß nicht hinter die gentechnologischen

Entwicklungen der letzten Jahrzehnte zurück. Die Unschuld unseres schicksalsergebenen Menschenbildes und die prästabilierte Harmonie zwischen göttlicher Fügung und menschlicher Erkenntnis haben wir endgültig verloren. Es geht auch nicht an, in die postmoderne Schelte des naturwissenschaftlichen Fortschritts nostalgisch einzustimmen. Die Chancen der Gentechnik sind zu nutzen, ihr Mißbrauch ist zu verhindern. Das ist eine schmale Gratwanderung (vgl. auch den Bericht der Enquete-Kommission des Bundestages: Chancen und Risiken der Gentechnologie 1987). Thimm nennt das eine »Kontingenzerfahrung« menschlicher Existenz, die uns sensu Jonas eine besondere Verantwortung und eine ethische Bewährungsprobe auferlegt (1989, 9).

Der Bewährungsfall steht längst an, wo es um die »Mehrlingsreduktion mittels Fetozid« geht (Bundesärztekammer 1989). Bekanntlich führt die künstliche Befruchtung (In-vitro-Fertilisation) oft zu Mehrlings-Schwangerschaften. Der Arzt steht vor der Frage, inwieweit rettbares Leben dem unrettbaren vorgezogen werden soll. Die Bundesärztekammer hat in einer kühlen Abwägung der ethischen und rechtlichen Gesichtspunkte den Fall der Tötung von Feten ventiliert. Die Argumentation verheißt Schrecken. Nichtsdestoweniger beschreibt sie tägliche klinische Praxis. Wir können davor die Augen nicht verschließen.

In der gegenwärtigen, emotional belasteten und auch mitunter politisch indoktrinierten, öffentlichen Diskussion sind direkte Parallelen zwischen der offiziellen Eugenik der Nazizeit und der berüchtigten »Aktion Gnadentod« zur Tötung von Anstaltsinsassen mit der jüngsten Euthanasiediskussion gezogen worden (so Theunissen 1989, 763, 678). Singer wehrt sich entschieden gegen die Gleichsetzung, und er kann darauf verweisen, daß seine Familie im Wien der dreißiger Jahre selbst Verfolgungen durch die Nazis zu erleiden hatte: »Wir können die Euthanasie nicht nur deshalb verdammen, weil die Nazis sie durchgeführt haben ... Zwischen diesen Praktiken und den Vorschlägen derer, die heute die Euthanasie zu legalisieren versuchen, besteht keine analoge Verbindung« (1984, 210, 212). Das ist richtig: Die rassistische Logik der Ausmerzung unerwünschten Erbgutes und der positiven Züchtung des arischen, gesunden Menschen hat zwar auf den ersten Blick nichts gemeinsam mit der heutigen Sterbehilfe-Diskussion.

Und doch gibt es eine Kontinuität in der Ideologie. Der Arzt

A. Forel nahm 1892 die erste Sterilisierung eines Geisteskranken aus eugenischen Gründen vor. 1895 forderte A. Jost das »Recht auf den Tod« für alte und schwache Menschen. Die berüchtigte Schrift von Binding/Hoche (1920) ist zur damaligen Zeit keineswegs auf einhellige Ablehnung gestoßen. Wer die Zeitschrift »Die Hilfsschule« von 1920 bis 1933 durchblättert, kann unschwer eugenische und euthanasische Elemente im heilpädagogischen Denken ausmachen, und die Sonderschullehrer haben sich an der Erörterung bekanntlich lebhaft beteiligt.

Der Nationalsozialismus ist, wie Dörner (1988, 65ff.) überzeugend historisch zu belegen weiß, das Endglied einer Entwicklung, die weit früher begann und deren sozialdarwinistische Bewegungsmomente im europäischen Denken zu finden sind. Industrialisierung und utilitaristische Philosophie trennen ab 1800 wirtschaftlich brauchbare von sozial unbrauchbaren Menschen auf der Basis einer entsolidarisierten Leistungsethik, die die Gesellschaft in ein effektives Wirtschaftssystem und ein ineffektives Sozialsystem aufteilt. Für die Lösung der ›sozialen Frage‹ bedurfte es der Institutionen (Waisenhäuser, Anstalten, Asyle, Sonderschulen) und des ideologischen Überbaus, in dem die soziale Frage medizinisiert und sozialfürsorgerisch einer Lösung zugeführt werden konnte. Die Befreiung der Gesellschaft vom sozialen Ballast wurde weit vor der Rassenideologie der Nazis schon im ausgehenden 19. Jahrhundert zum Programm: Unfruchtbarmachung der Erbkranken und Tötung des lebensunwerten Lebens sind Leitvorstellungen, die mit den Namen Galton und Forel bis zu Catel und Singer eine nahezu ungebrochene Kontinuität herstellen. Darum ist in der Nachkriegszeit die Auseinandersetzung mit der Vergangenheit eher folgerichtig unterblieben. Sie wurde keineswegs bloß versäumt; ihre Verdrängung stellt einen Abwehrmechanismus dar, den zu überwinden wir uns hätten eingestehen müssen, daß die Versuchung zur Endlösung der sozialen Frage, die Befreiung der Gesellschaft von Leiden und Behindertsein in uns allen steckt. Die kollektive Schuld entlastet den einzelnen nicht – der Bundestag brachte bis heute kein Entschädigungsgesetz für NS-Sterilisierte und Euthanasie-Opfer zustande – unsere eigene Verantwortung ist damit nicht entbunden.

Wenn die nationalsozialistische Zeit tatsächlich »nur als Vergröberung eines schon seit den 90er Jahren des letzten Jahrhunderts bestehenden Denkmodells der medizinischen Ordnung für soziale Probleme wahrzunehmen« wir uns eingestehen müssen (Dörner 1987, 47), ja wenn selbst das harte Kosten-Nutzen-Kalkül der Hilfe für die nicht wirtschaftlich ›tragfähigen‹ Behinderten als Vorstufe des sozialen Euthanasie-Denkens gelten muß, dann ist das Bewußtsein unserer Vergangenheit und ihrer historischen Beweggründe wachzuhalten. Dann dürfen wir die Eugenik und Euthanasie der Nazizeit nicht vergessen, damit die Mahnung gewärtig bleibt, daß sich derartiges nicht wiederhole.

An keinem Problemkreis wird das so brennend aktuell, wie an der Praxis der pränatalen Diagnostik und der humangenetischen Beratung. Damit es zur »Pädagogisierung« dieser nur vordergründig »medizinischen Domäne« kommt (Thimm 1990) und somit die notwendige Verantwortung im Sinne der Philosophie eines »Zuendedenkens der Tatsachen« (wie Windelband das formuliert hat) freigesetzt wird, unternehmen wir einen Ausflug in die Geschichte des aufklärerischen Denkens.

In Immanuel Kants Logik von 1800 heißt es: »Das Feld der Philosophie in dieser weltbürgerlichen Bedeutung läßt sich auf folgende Fragen bringen:

1) Was kann ich wissen?
2) Was soll ich tun?
3) Was darf ich hoffen?
4) Was ist der Mensch?

Die erste Frage beantwortet die Metaphysik, die zweite die Moral, die dritte die Religion und die vierte die Anthropologie« (zit. nach Ausgabe 1923, 25). Kants Einteilung der Philosophie bietet einen Problemeinstieg in das Thema ethischer Aspekte, die mit der pränatalen Diagnostik und ihren Folgen verbunden sind.

(1) Was kann ich wissen? Die vorgeburtliche Diagnostik erlaubt eine Geschlechtsbestimmung des Kindes, die Risikoabschätzung für Krankheiten, in bestimmten Fällen die sichere Identifizierung eines genetischen Defekts, etwa bei Chromosomenaberration. – Aber: Welches Wissen verträgt der Mensch? Wie geht er mit diesem Wissen um? Bewegt es ihn nicht, das Wissen umzusetzen in praktische Folgerung? – Und so drängt sich die zweite Frage auf:

(2) Was soll ich tun? Soll ich das behinderte Kind, das ich im Leibe trage, abtreiben? Oder soll ich es auf mich nehmen, ein Kind zu haben, das nicht wie andere Kinder sein wird, nicht gesund, nicht lebenstüchtig, nicht erfolgreich im Sinne der ge-

sellschaftlichen Kultur? Und weiter: Mit welcher Sicherheit läßt sich voraussehen, daß die von der Diagnostik prognostizierten Ergebnisse auch tatsächlich eintreten werden? – Damit eröffnet sich die nächste Dimension:

(3) Was darf ich hoffen? Wie wird sich das Kind entwickeln? Wird es in die Schule gehen, in der Werkstatt für Behinderte beschäftigt sein? Und was wird aus ihm, wenn ich nicht mehr lebe? Oder kann es sogar den Hauptschulabschluß erreichen? Ist alles vielleicht nicht so schlimm? Wie oft haben sich die Ärzte mit der medizinischen Diagnose geirrt. Unter Umständen wird das Kind auch so schwer geschädigt sein, daß es nicht lebensfähig ist und früh stirbt. Und wenn ich das Kind doch wegmachen lasse, kann ich die gesundheitliche Belastung im fünften Monat überhaupt aushalten, und wie werde ich vor meinem Gewissen damit fertig, ein Fleisch von meinem Fleische getötet zu haben? Darf ich die Leibesfrucht abtöten lassen? – Dies provoziert die letzte und dringliche Frage:

(4) Was ist der Mensch? Das Leben, das die Mutter in sich spürt, ist ohne Zweifel menschliches Leben; denn nach weiteren drei Monaten wird ein Menschenkind geboren werden. Aber – und in dieser Frage spitzen sich die drängenden Probleme zu, die die ethische Diskussion in den letzten zwei Jahren bestimmt haben – hat dieses Kind, schwerstbehindert und im Brutkasten ›künstlich‹ am Leben gehalten, ein ›menschenwürdiges Leben‹? Ist der Embryo, ist der Fetus, ist der mit wenig entwickelten kortikalen Funktionen vegetierende Mensch überhaupt eine menschliche ›Person‹?

Zur Beantwortung dieser existentiellen Fragen helfen die logischen Argumente Kants weiter. Die erste Frage »Was kann ich wissen?« beantworte die Metaphysik, so heißt es. Kant, der die Aufgabe der Aufklärung als Befreiung des Menschen aus seiner selbstverschuldeten Unmündigkeit bezeichnet hat, ahnte nichts vom Fortschritt der Naturwissenschaften, die ein physikalisch-chemisches Weltbild an die Stelle der metaphysischen Deutung gesetzt haben. Die Versuchung ist groß, alles das enträtseln zu wollen, was früher die ›Heiligkeit des Lebens‹ genannt wurde – bis hin zur Entschlüsselung des menschlichen Genoms, zu einer Kartographie von Genen, die es erlaubt, nicht nur pathogene Gruppen zu identifizieren, sondern auch eine

Gentherapie zu betreiben, durch Einbringen von Genen in Erbbahnen, als Keimbahntherapie gegen Krebs. Die Zukunftsvision ist nicht mehr fern, daß jeder von uns einen Genpaß hat und um sein Krankheitsrisiko bei Diabetes, Herzinfarkt-Gefährdung, Schizophrenie und Chorea Huntington weiß. Vielleicht tut angesichts der Aufklärung, die am Ende des Mittelalters freigesetzt wurde, wiederum eine Gegenaufklärung not. Es gibt werdende Mütter, die bewußt auf eine Amniozentese (Fruchtwasseruntersuchung zur Diagnostik von Schädigungen des Embryos) verzichten: Es ist besser, nicht um das persönliche Risiko zu wissen. Denn Wissen wird in Handlung umgesetzt.

Die Frage »Was sollen wir tun?« überantwortet Kant der Moral. Wir sprechen von der ethischen Verantwortung. Menschliche Lebensregelung und gesellschaftliche Ordnung bedürfen einer Ethik, die sagt, was gut für den Menschen ist. Auch die Sonderpädagogik braucht eine Ethik, um das gute Handeln gegenüber den Behinderten zu rechtfertigen. Wie eine solche Ethik aussieht, wer über sie bestimmt, nach welchen Kriterien sie abgeleitet wird und ob sie im wissenschaftlichen Sinne Allgemeingültigkeit beanspruchen darf, das wird kontrovers diskutiert.

»Was darf ich hoffen?« ist nach Kant eine Angelegenheit der Religion. Im Gefolge der seit der Aufklärung fortgeschrittenen Säkularisierung ist uns das geschlossene Weltbild verbindlicher Wertorientierung und transzendentaler Lebenszuversicht abhanden gekommen (Speck 1991). Der Horizont unserer Zukunftserwartungen ist offener, aber auch bedrohlicher geworden. Wir versuchen die ungewisse Zukunft zu steuern, selbst in die Hand zu bekommen. Nicht nur Geburtenregelung als allgemeine sozialpolitische Maxime ist gefragt, sondern konkrete Vorherbestimmung über ein menschliches Lebensschicksal. Jonas (1979) hat gewarnt, daß die ungeheure Reichweite unserer biologischen und chemischen Möglichkeiten und der technischen Machbarkeit von Leben uns Verantwortungen aufbürdet, für deren moralische Bewältigung wir nicht gerüstet seien. Soll ich deshalb hoffen, daß ›die Natur‹ schon selbst alles regeln wird?

Damit mündet unter einem sowohl natur- als auch kulturphilosophisch vermittelten anthropologischen Bild alles in die letzte Frage »Was ist der Mensch?«. Was ist ein behinderter Mensch? Wann ist ein schwerst behinderter Mensch kein

Mensch, genauer: keine Person mehr – so ich diese unerbittlich konsequente und kritische Frage auszusprechen wage, das heißt, überhaupt zum Thema mache.

»A Down's not a Person« – dieser berüchtigte Ausspruch von Fletcher (Bard/Fletcher 1968, 64) markiert das ganze Problem: In der empirischen Fassung – es bleibt die nur in der Erfahrung beantwortbare Frage Ja oder Nein – wird die Aussicht einer rationalen Beantwortung dort suggeriert, wo es in Wahrheit nicht um objektive Tatsachenerkenntnis geht, sondern um eine Wertorientierung. Insofern liegt das eigentliche Ärgernis darin, daß die Frage überhaupt gestellt wird und als diskutierbar gilt (ähnlich Singer 1984, 188). Wir müssen uns vielmehr auf den Standpunkt stellen: Lebensrecht bedarf keiner Rechtfertigung (wobei unterstellt wird, daß es um das Lebensrecht von allen Menschen als Person geht): »Leben läßt sich als Wert nur bestimmen, indem man es selbst lebt« (Radtke 1990, 275). Oder, philosophisch gesagt: »Das Lebensrecht des Menschen besteht unabhängig von den Ergebnissen der Bemühung zur Feststellung seines Lebenswerts. Anders formuliert: Das Lebensrecht des Menschen verhält sich indifferent gegenüber Resultaten der Lebenssinnvalidierung. Knapper noch: Das Lebensrecht gilt lebenssinn- und lebenswertindifferent« (Lübbe 1988, 11). Und noch einmal: »Die Frage nach dem Wert des Lebens ist in jedem Fall sinnlos. Leben hat nämlich keinen Wert, der auf irgend eine Weise berechnet werden könnte; Leben ist vielmehr Bedingung dafür, daß irgend etwas Wert haben kann« (Spaemann 1990, 8). Die Mutter eines schwerstbehinderten Kindes drückt das als Betroffene so aus: »Mein Sohn ist ein solcher Mensch. Ob er auch Person ist, diese Frage hat sich mir in all den Jahren unseres Zusammenlebens nie gestellt« (Seifert 1990, 261).

Es wird vielfach in der Euthanasie-Diskussion übersehen, daß vor der philosophischen Zuerkennung des Personseins eine Prämisse unbefragt vorangestellt ist: Personen dürfen nicht getötet werden, und das besagt auf der anderen Seite, daß für Lebewesen, denen der Status der Person nicht zuerkannt wird, das Tötungsverbot aufgehoben ist. Diese Folgerung ist allerdings keineswegs zwingend. Viele Tierschützer werden das nämlich anders sehen. Insofern ist die Prämisse vorweg zu klären, wann überhaupt Leben zu schützen ist und wann getötet werden darf.

Es gibt drei Positionen einer Ethik des Lebens: (1) die Ehrfurcht vor dem Leben schlechthin, etwa Albert Schweitzers; (2) die Lehre von der Heiligkeit menschlichen Lebens als Gattungswesen (sog. Speziesargument), im wesentlichen vom Christentum repräsentiert; (3) die Bestimmung ›lebenswerten‹ Lebens, das in unterschiedlicher Weise an den psychologischen Kriterien Selbstbewußtsein, Fähigkeit Beziehungen zu knüpfen, Zukunftswissen, meist an den Begriffen ›Person‹ oder ›Personalität‹ festgemacht wird. Wenn letztere Position gilt, dann steht es außer Frage, daß zwischen anencephalen Schwerstbehinderten und Tieren eher ein psychischer Unterschied zugunsten der letzteren besteht; ja die utilitaristische Abwägung der Interessen aller kommt nicht umhin, Tieren Empfindungsfähigkeit zu attestieren und die Verpflichtung abzuleiten, sie nicht zu quälen. Die moralische Diskussion des letzten Jahres ist dadurch in Gang gekommen, daß die dritte Ethik-Variante ins Spiel geriet, hauptsächlich durch den in der Philosophiegeschichte nur recht unzulänglich informierten Singer (1984). Die Positionen unter (2) und (3) werfen erhebliche anthropologische Anschlußprobleme auf, wenn sie in der Praxis, das heißt in Medizin, Sozialpolitik und Pädagogik Anwendung finden sollen. Das Speziesargument besagt, daß die Zugehörigkeit zur Gattung Mensch nicht nur eine notwendige, sondern auch eine hinreichende Bedingung für den Schutz menschlichen Lebens darstellt. Alles Leben, das von Menschen geboren wird, ist ›heilig‹. Der Gesichtspunkt der Zugehörigkeit zur Gattung Mensch ist ein genereller; er urteilt allgemein in Absehung von spezifischen Merkmalen. Der Aspekt der Personalität dagegen ist ein individueller; er fragt, ob der einzelne Mensch die (vorweg definierten) Attribute des Personseins besitzt.

Für die Verleihung des Personbegriffs ergibt sich die Anschlußfrage der Potentialität. Embryonen und Feten und auch neugeborene Säuglinge sind – im Vergleich zu den geistig entwickelten Menschen – in minderem Maße Personen, ›Noch-nicht-Personen‹. Sie sind aber potentiell Personen, weil sie zur Personalität werden können. Im Prinzip sind daher auch die eben befruchtete Eizelle und die ersten Zellhaufen des werdenden Embryos potentielle Personen, weil sie die Möglichkeit (und unter ausreichenden Bedingungen) die Wahrscheinlichkeit der Entfaltung zum vollen Menschsein in sich tragen. Wann diese Personalität ausreichend entwickelt ist, ob beim Embryo im zweiten Monat oder beim Fetus im siebten Monat, das ist eine Frage gradueller Setzungen auf einem langen Kontinuum von der Befruchtung der Eizelle bis zum ersten Lebensjahr des Kindes. Diese graduelle Entscheidung (die der Gesetzgeber bei der Abtreibung trifft und die auch die Katholische Kirche vornimmt) gilt aber nicht nur ontogenetisch für die individuellen Biographien. Sie gilt – wenn das Problem der Behinderung entwicklungsgeschichtlich gesehen wird – auch phylogenetisch: etwa bei Säuglingen, die ohne ausreichende Ausstattungen innerer Organe oder der Hirnfunktion geboren werden. Auch hier sind ethische Konsequenzen zu diskutieren, ab wann das Tötungsverbot in Anbetracht eines phylogenetischen und eines ontogenetischen Potentialitätsarguments gelten soll.

Die Ansichten Tooleys (1972; 1990) – auf den sich Singer maßgeblich stützt – enthüllen die ganze Fragwürdigkeit des Unterfangens, die »tatsächlichen psychischen Eigenschaften« des Neugeborenen zum Maßstab dafür zu machen, ob eine kindliche Person getötet werden darf oder nicht. Im ersten, damals Aufsehen erregenden, Artikel von 1972 »Abortion and Infanticide« ist die Rede davon, daß die Grenze der erlaubten Kindestötung »eine Woche nach der Geburt« sei (vgl. die deutsche Übersetzung 1990, 187). Bis zu dem Zeitpunkt seien Kinder noch keine »Personen«, weil sie kein Selbstbewußtsein hätten: »Ein Organismus besitzt ein gewichtiges Lebensrecht nur, wenn er über einen Begriff des Selbst als eines fortdauernden Subjekts von Erfahrungen und anderen mentalen Zuständen verfügt sowie glaubt, daß er selbst eine solche fortdauernde Entität darstellt« (164). Im Nachtrag von 1990 zu dem jetzt wieder nachgedruckten Artikel revidiert Tooley die Zeitgrenze entscheidend. Er kommt – man beachte die fatale Ungenauigkeit, Willkür und Beliebigkeit im Umgang mit existentiell lebenswichtigen Fragen – zu der »eher tentativen (!) Folgerung ..., daß Menschen erst mit zehn bis (!) zwölf Wochen nach der Geburt Eigenschaften erwerben, die als Grundlage für zumindest ein gewisses (!) Recht auf weitere Existenz dienen können« (Tooley 1990, 190–191). Wie hier menschliches Leben dem Würfelspiel zwischen Sein und Nichtsein anheimgestellt wird – eine Woche oder »wahrscheinlich (!) ... zehn bis zwölf Wochen« (191) – das ist unerträglich. Es bleibt der Behindertenpädagogik nur übrig, sich von einem solchen Menschenbild in aller Entschiedenheit zu distanzieren.

Tooleys Position, euphemistisch und geradezu auf dem Gipfel sittlicher Entgleisung als »Moral des Tötens« definiert (192), nimmt naturgemäß an, daß das Recht auf Weiterexistieren »nur gradueller Art« sein kann. Säuglinge sind erst keine Personen, dann »Quasipersonen«, und später dann werden sie menschliche Personen. Die Folgerung in bezug auf eine »angemessene Behandlung von Säuglingen, die schwer geschädigt oder mißgebildet sind, oder die an einer schweren Krankheit leiden«, lautet dann so: »Wenn menschliche Säuglinge ... erst einige Wochen nach der Geburt auch nur den moralischen Status von Quasipersonen erwerben, ist die Situation radikal anders, dann ist Kindestötung eine mögliche Lösung« (Tooley 1990, 192). Die Behindertenpädagogik, so sie nur auf einem Minimum an glaubwürdiger Menschlichkeit besteht, ist aufgerufen, Stellung zu beziehen und inhumanen Tendenzen keinerlei Raum zu geben. Es hieße, die Prinzipien wissenschaftlicher Verantwortung aufzugeben, wenn in technokratischer Rationalität alles das ventiliert wird, was denkmöglich ist. Auch methodologische Standpunkte müssen allgemeine ethische Normen befolgen, sonst leugnen sie nicht nur die Seinsverbundenheit des Denkens, sie verfehlen auch eine menschenwürdige soziale Wirklichkeit.

So bleibt schließlich – wenn wir uns der Folgerung anschließen, daß Personen nicht getötet werden dürfen und insofern die Zuerkennung des Person-Status der existentiell entscheidende Gesichtspunkt ist – die Beantwortung der Frage, ob schwerstbehinderte Menschen ›Personen‹ sind. Der von der Philosophiegeschichte längst aufgedeckte Fehler in der auch in der Behindertenpädagogik geführten Diskussion liegt in dem irrigen Versuch, der Relativität des Problems mit empirischen Kategorien beikommen zu wollen. Die Frage, ob Embryonen oder wenig entwicklungsfähige Schwerstbehinderte Personen sind, ist keine meßbare Tatsache sondern eine Wertsetzung. Aus welchen religiösen, weltanschaulichen oder humanistischen Motiven die Wertzuschreibung erfolgt, bleibt zunächst zweitrangig; ob säkularisierte »Achtung vor dem Menschenwert« oder weil »nach dem Bild Gottes geschaffen« (Stolk 1989, 202) – das kann offenbleiben (ähnlich Eibach 1986, 78 und 1990, 403).

Person-Sein ist also ein »moralischer Status« (Stolk 1989, 189), ein Appell, ein Postulat, jeden Menschen in jeglicher Gestalt als wertvoll zu achten. Nichts anderes fordert Artikel 1 Satz (1) des Grundgesetzes der Bundesrepublik Deutschland: »Die Würde des Menschen ist unantastbar.« Allerdings muß eingeräumt werden, daß die Aussage unter sprachanalytischem Aspekt ungenau ist. Gemeint ist nicht die empirische Tatsache, daß die Würde des Menschen unantastbar *ist;* denn gegen diese Feststellung wird vielfach (wider die ›Menschenrechte‹) verstoßen. Gefordert ist, daß die Würde des Menschen als unantastbar gelten *soll* und deshalb geachtet werden muß.

Warnock hat auf die ideologische Unterstellung hingewiesen, die in der semantischen Verschiebung liegt; denn »ob ein Embryo in seinen frühesten Stadien eine Person ist, klingt ... wie die Übersetzung in eine Tatsachenfrage. Es klingt, als ob wir durch Untersuchungen des Embryo und Entdecken seiner Eigenschaften eine nichtkontroverse Antwort finden könnten«. Also, so folgert Warnock weiter, ist »Person« ein Rechtsbegriff und eine Zuschreibung des Rechts (Beispiel: Setzung der Volljährigkeit, der Geschäftsfähigkeit, des Wahlrechts usw.): »Das heißt soviel wie zu sagen, daß zu entscheiden ist, ob jemand – oder ein Rechtssubjekt – eine Person genannt werden kann« (Warnock 1990, 216). Somit sind die Folgerungen für die ethische Position der Behindertenpädagogik logisch und praktisch unabdingbar. Ob die uns anvertrauten Schwerstbehinderten ›Personen‹ sind und somit zu pflegen und zu bilden, das ist eben keine Begründung aus »empirisch-rationaler Perspektive«, nämlich einer Tatsachenbeschreibung, nach der ihnen ›personale‹ Eigenschaften zukommen oder nicht (so im Untertitel eines Buches von Anstötz 1990). Unsere ethische Haltung, Schwerstbehinderte als Personen anzuerkennen, ist eine Gewissensentscheidung unseres Wertvorzuges.

Unter normativem Aspekt stellt sich also die Forderung, ein »Menschenbild für die Heilpädagogik« zu rechtfertigen (Haeberlin 1985). Auf welche Weise dieses abzuleiten ist, das macht eines der schwierigsten Probleme aus, mit denen die Behindertenpädagogik befaßt ist (Antor 1985). Eugenik und Euthanasie bilden nur einen Sonderfall dieser Diskussion. Sie sind aber unter dem Druck öffentlicher Ereignisse und Auseinandersetzungen zu einem Bewährungsfall für die behindertenpädagogische Ethik geworden.

Das größte Hemmnis für eine Ableitung ethischer Normen besteht darin, daß es in der pluralistischen Gesellschaft keine allgemeingültigen und von allen anerkannten Moralprinzipien gibt. In einem Bericht von Warnock über die Arbeit der von ihr geleiteten Kommission zur Vorbereitung eines britischen Embryonenschutzgesetzes findet sich dazu eine Argumentenfolge, die höchst aufschlußreich ist, weil sie die Elemente des Diskurses in der Kommission aufzeigt, der für demokratische Meinungsbildung typisch ist. Zudem wird ein Procedere geschildert, das Luhmann (1969) die Legitimation durch Verfahren genannt hat. Die Textstelle von Warnock ist auch deshalb bezeichnend, weil die politische Debatte fast alle in der Ethik-Diskussion relevanten Fragen, die an irgend einer Stelle schon thematisiert worden sind, wie in einem Brennpunkt versammelt (1990, 225–227):

> »Diejenigen, die der Meinung sind, daß die Religion einen absoluten und umfassenden rechtlichen Schutz für Embryonen fordert, werden natürlich von keinem Argument umzustimmen sein, sei es einem utilitaristischen oder einem anderen. Sie können aber nicht das Recht beanspruchen, dem Land insgesamt ein Gesetz aufzuerlegen, das letztlich auf einem Dogma beruhen würde. Vielleicht ist der Hinweis angebracht, daß einige der römisch-katholischen Mitglieder des Oberhauses, die zunächst überzeugt waren, daß ihre Religion ein Gesetz fordert, das jede Forschung mit menschlichen Embryos verbietet, ihre Ansichten jetzt geändert haben, nachdem sie Laboratorien besuchten, in denen solche Forschung gegenwärtig betrieben wird. Diese lernbereiten Adligen sind jetzt der Meinung, daß der Embryo während der ersten vierzehn Tage nicht völlig durch das Gesetz geschützt werden sollte. Sie haben selbst gesehen, was einen vierzelligen Embryo tatsächlich ausmacht, und ziehen es vor, ihn einen ›Prä-Embryo‹ statt einen Embryo zu nennen ...
>
> Wir stimmten in einigen wichtigen Aspekten überein. Am wichtigsten: Wir stimmten darin überein, daß die Eigenschaft des Embryo, menschlich zu sein, ihn hinsichtlich Forschung in eine von allen anderen Tieren (ob selbst auf embryonaler Stufe oder voll entwickelt) zu unterscheidende Kategorie stellt. Einfach aufgrund seiner Eigenschaft, ein Mensch zu sein und aus menschlichen Zellen zu bestehen, war sogar ein zweizelliger Embryo Gegenstand anderer Überlegungen als derjenigen, die auf ein völlig perfekt geformtes Exemplar einer beliebig anderen Spezies zutreffen würden. Ein solches Bevorzugen des Menschlichen wird manchmal für irrational gehalten, sogar für willkürlich. Es wird von einigen als grundloses und nicht rechtfertigbares Vorurteil angesehen, ähnlich wie Rassismus oder Sexismus, und wird sogar ›Speziesismus‹ genannt. Wir waren im Gegenteil alle der Meinung,

daß es der Rechtfertigung bedürfte, die eigene Spezies einer anderen nicht vorzuziehen.«

In der von Warnock referierten Erörterung zum Embryonenschutz stehen sich zwei alternative ethische Begründungen gegenüber (und mischen sich zeitweilig): konsequentialistische (teleologische, utilitaristische) und deontologische (Gesinnungs-, Pflicht-) Ethik (vgl. Höffe 1975). Auf die verschiedenen Facetten dieser Unterscheidung, etwa der Differenzierung essentialistischer, utilitaristischer und päferenz-utilitaristischer Begründungen in der konsequentialistischen Ethik, soll hier nicht eingegangen werden. Der Unterschied wird schon von Jeremy Bentham 1780 in seinem Werk »Introduction to the Principles of Morals and Legislation« (deutsch zuerst 1830) getroffen. Bentham nennt die Ethik als Pflichtenlehre (ähnlich wie Kant) eine Deontologie (griechisch tò déon – das, was sein soll). Die konsequentialistische Ethik fragt nach den Folgen unseres Tuns, und diese Konsequenzen sind maßgebend für die moralische Beurteilung. Die deontologische Ethik fragt danach, ob eine Haltung als solche richtig ist, ungeachtet ihrer Folgen.

Oder: wie der Dichter sagt (Theodor Storm):

Der eine fragt: Was kommt danach?
Der andre fragt nur: Ist es recht?
Und also unterscheidet sich
Der Freie von dem Knecht.

Der Widerstreit ist so alt wie die Philosophie selbst. Er findet sich bereits bei Demokrit (460–371 v.Ch.): »Gut sein heißt nicht nur kein Unrecht tun, sondern auch keins tun wollen.« – »Ein Wohltäter ist nicht, wer auf Vergeltung wartet, sondern wer einfach wohlzutun sich vornimmt« (Die Vorsokratiker, Ausgabe 1908, 176, 179). Dilthey urteilt im System der Ethik von 1890: »Der Gegensatz zwischen einer Ethik, welche an die äußeren Kriterien der Lust- und Unlustfolgen appelliert, und jener, welche sich nur auf die innere Überzeugung gründen will, ist darum gleichbedeutend mit dem Gegensatz von Fortschritt und Stillstand in der Ethik, mit dem Gegensatz fortgesetzter vernünftiger Prüfung oder Vergötterung von überlieferten Gewohnheiten« (zit. nach 1965, 34).

Was sich hier andeutet, nämlich die konsequentialistische Bemühung, bei meinem Tun für mich und andere Lust zu erlangen und Unlust zu vermeiden, steht im Zusammenhang mit der Tradition des eudämonistischen Utilitarismus. John Stuart Mill hat diesen in seinem Werk »Utilitarianism« 1864 formuliert: »Die Auffassung, für die Nützlichkeit oder das Prinzip des größten Glücks die Grundlage der Moral ist, besagt, daß Handlungen insoweit und in dem Maß moralisch richtig sind, als sie die Tendenz haben, Glück zu befördern, und insofern moralisch falsch, als sie die Tendenz haben, das Gegenteil von Glück zu bewirken« (zit. nach Ausgabe 1985, 13). Die Beförderung des größtmöglichen Glücks aller und der größtmöglichen Lust aller ist das ›summum bonum‹ und somit auch, moralisch gesehen, das in höchstem Maße Gute.

Die Ableitungen für eine sonderpädagogische Ethik sind ebenso einfach wie schlüssig. Um zunächst mit einem ferner liegenden Beispiel zu beginnen, das den analogen Zusammenhang besser verdeutlichen soll: Konsequentialistisch kann geprüft werden, ob es zweckvoll und nützlich für das Gemeinwohl ist, die Todesstrafe einzuführen, ob die Konsequenz dieser rechtlichen Maßnahme Täter abschreckt und die Zahl der Kapitalverbrechen vermindert. Deontologisch ist zu fragen, ob die Todesstrafe mit der Würde des Menschen vereinbar ist. Genauso dezidiert konsequentialistisch kann das Prinzip der Berücksichtigung der Interessen aller – das die Gesamtsumme des Glücks und das summum bonum ausmacht – auf die Abtreibung und die Euthanasie angewandt werden. Hare hat zum Gesichtspunkt der gleichen Interessenwägung eine Goldene Regel nach dem Sprichwort »Was Du nicht willst, das man Dir tu', das füg' auch keinem andern zu« formuliert (1990, 138): »Daß wir anderen gegenüber so handeln sollten, wie wir wollen, daß sie uns gegenüber handeln.« Das bedeutet dann: Ich selbst möchte als Fetus auch nicht abgetrieben worden sein – also darf ich nicht abtreiben wollen (vgl. auch Hare 1991).

Daß die konsequentialistische Position in der hedonistischen Begründung formal ist und keineswegs zum gleichen Ergebnis kommen muß, zeigt eine Stelle bei Singer, wo er im Namen des summum bonum und der utilitaristischen Interessenabwägung unterstellt, daß Eltern eines behinderten Kindes kein zweites Kind zeugen würden, aus Sorge, auch das nächste Kind könnte behindert sein. Darum mißt er die »Gesamtsumme des Glücks« dadurch, daß er die Interessen eines möglichen, geplanten (und unterstellt: gesunden) Kindes gegen die Interessen eines vorhandenen, mißgebildeten ins Feld führt: »Sofern der Tod eines geschädigten Säuglings zur Geburt eines anderen Kindes mit besseren Aussichten auf ein glückliches Leben führt, dann ist die Gesamtsumme des Glücks größer, wenn der behinderte Säugling getötet wird« (Singer 1984, 183; ähnlich: Hare 1990, 378). Es drängt sich der Kommentar auf, daß diese Argumentation nicht einmal ein »Stillstand« der Ethik ist, sondern ihr Rückschritt hinter humanitäre Prinzipien, die das Fundament unseres Zusammenlebens ausmachen sollten. Eine solche Ansicht ist deontologisch, absolut. Und so stellt sich dann die Frage, ob es gültige Kriterien für die Ableitung einer behindertenpädagogischen Ethik gibt, die unser Handeln im Lichte der »vernünftigen Prüfung« (Dilthey) als gut und richtig erscheinen lassen.

Der Maßstab für diese Prüfung liegt im Anspruch von Rationalität. Ist eine Ethik für die Behindertenpädagogik aus »empirisch-rationaler Perspektive« (Anstötz 1990) begründbar? Die Antwort lautet: nein. Damit sind »Rationalität, empirischer Bezug und Kritik als Regulative« für die Ethik-Diskussion (Anstötz 1990, 9) keineswegs suspendiert. Es läßt sich jedoch zeigen, daß mit einem derartigen methodischen Inventar die Rechtfertigung ethischer Maximen für das sonderpädagogische Handeln nicht ausgeschöpft, wenn nicht gar verfehlt wird.

Ethik ist die Lehre und die Vorschrift zu guter Lebensführung. Sittliches Verhalten, das daraus resultiert, ist aber nicht auf eine wissenschaftliche Begründung angewiesen. Wo kämen wir denn sonst hin. Schließlich weiß der barmherzige Samariter, was gut ist und was er tun muß. Naturgemäß entnimmt er sein Wissen der Erfahrung, dem Vorbild der Eltern, den Normen der sozialen Umwelt, die ein bestimmtes Verhalten vorschreiben und ein anderes verurteilen. Wenn er sein Tun bewußt macht, dann philosophiert er, und es bedarf dafür nicht unbedingt der wohlgesetzten Worte. Kein geringerer als Sokrates hat diese Methode des Philosophierens aus dem Alltag abgeleitet. Es ist nur noch ein Schritt weiter, um den gedanklichen Überbau zu vervollkommnen: alle guten Gründe aufzuzählen, die ein Verhalten als moralisch klassifizieren, sie nach Rangstufen zu ordnen, mit Alternativen zu versehen und ein weniger moralisches Verhalten zu distanzieren. Indem gefragt wird, woher die Beweggründe der Sittlichkeit kommen und zu welchen Konsequenzen sie führen, ob sie für den einzelnen oder für die Gemeinschaft gelten und ob sie jederzeit absolut gültig sind oder mit der historischen Lage relativieren, indem dies alles zusammengefaßt wird, kommen wir zu systematischen Aussagen über Ethik, als dem theoretischen Überbau des praktischen sittlichen Handelns.

Es ist jetzt auch eine müßige Frage, ob das Wissenschaft sei. Im weiten Begriff der Wissenschaft, von der Aristotelischen Philosophie bis zur Diltheyschen Auffassung der Geisteswissenschaft, wurde das bejaht (Dilthey 1965, 13). Die andere Linie einer methodischen Aufgliederung der Wissenssysteme, die im Kritischen Rationalismus endet, will die Ethik der Philosophie zuschlagen, in Unterscheidung zu der am naturwissenschaftlichen Empiriebegriff orientierten Wissenschaft, die Intersubjektivität und Kontrollierbarkeit zum Signet macht. Sittliche Normen sind dann weltanschaulich-subjektive Basissätze. Das heißt nicht, daß sie nicht empirisch-rational betrachtet und kritisiert werden können. Aber ihre Freiheitsgrade entziehen sich wissenschaftlicher Allgemeingültigkeit. Ihre Herkunft aus dem Lebenszusammenhang übersteigt wissenschaftliche Überprüfbarkeit. Dilthey hat das klar gesehen: »Die Ziele des Handelns müssen den Menschen gegeben sein, unabhängig von dem wissenschaftlichen Raisonnement. Dieser Satz ist einer strengen Beweisführung nicht zugänglich, da seine Gültigkeit nur in der Zweckmäßigkeit der Anordnung gegründet ist und daher diese zur Voraussetzung hat« (1965, 113).

Die subjektive Wertentscheidung, meine sittliche Bindung, meine persönliche Verantwortung und die Stimme meines Gewissens sind niemals Resultate des rationalen Kalküls, und ihre Motive gehen nicht in kalter Vernunft auf. Darum stehen sie letztlich auch außerhalb rationaler Begründbarkeit. Warnock zitiert ein Wort von David Hume, nach dem »Moral mehr gefühlt als beurteilt wird« (1990, 224). Das, was ich schön, gut, zweckmäßig und sinnvoll befinde, ist von emotionalen Wertvorstellungen in höchstem Maße mitbestimmt. Darum gibt es füglich keine rationalistische Ethik, die Gewissensverpflichtungen der Fürsorge, der Hilfe und des Gebens glaubhaft machen kann, ohne zu meta-rationalen Basisnormen Zuflucht zu nehmen.

Moralische Werte, sittliche Normen und ethische Handlungsregelungen werden nicht (rational) begründet, sie werden gerechtfertigt (Bleidick 1985a, 60ff.). »Ein adäquates Deutungsmodell für moralische Aussagen müßte gleichzeitig ihre normative Funktion, ihren Realitätsbezug, das in ihnen enthaltene Element der Allgemeinheit und schließlich die Möglichkeit einer rationalen Argumentation im ethischen Bereich berücksichtigen« (Albert 1979, 487). Das bedeutet nun nicht, wie man sieht, daß ethische Überlegungen auf rationale Argumente verzichten sollen. Sie sind ein notwendiger Korrekturfaktor für die logische Überprüfung einer Beziehung zur Wirklichkeit und der über die Geltung des einzelnen Falls hinausgehenden Verallgemeinerung für alle. Wesentlich ist ihre normative Funktion als Sollensbestimmung. Und diese besteht in einem Rest von Letzthinnigkeiten, auf den es ankommt, der die zielbestimmende Funktion ausfüllt. Darum gibt es nur »zwischen Wissenschaft und Ethik gewisse Parallelen ..., was allerdings keineswegs bedeutet, daß sich Ethik auf Wissenschaft reduzieren läßt« (Albert 1979, 515).

Der unzulängliche Versuch rationaler Begründung einer Ethik für die Behindertenpädagogik übersieht die durch Kant (in der Kritik der Praktischen Vernunft, 1788) sichergestellte Einsicht, daß die Philosophie zwei Antworten auf unsere Lebensfragen bereithält: Die Vernunft (ratio) hat ein theoretisches Interesse an einem in sich geschlossenen, stimmigen System, und zweitens besteht ein praktisches Interesse an der Verwirklichung sittlicher Ideale. Das heißt, daß für gedankliche Systeme logisch vernünftige Gründe gewählt werden müssen, für das moralisch richtige Tun aber Rechtfertigungen gefunden, die wiederum den (rational gewählten) Normen entsprechen. Die Liebe, die mitmenschliche Hilfe und die Gewissensentscheidungen für sittliche Haltungen lassen irrationale oder besser: meta-rationale Motive zu, ja fordern sie sogar, und das ist rational durchaus akzeptabel. Das besagt: Eine Ethik für die Behindertenpädagogik kann sich nicht in rationaler Begründung erschöpfen; sie muß ihre Normen meta-rational rechtfertigen. Der Rechtfertigungsgrund entstammt nur vordergründig rationalen Zwecküberlegungen. Er ist darüber hinaus zurückgebunden an eine Basisentscheidung, an Weltanschauung, Religion, humanes Gewissen. Es ist in diesem Zusammenhang plausibel, daß dies nicht Wissenschaft im Sinne einer intersubjektiv prüfbaren Bestimmung des »empirischen Charakters« des Menschen ist (Kant), sondern philosophische Besinnung des »intelligiblen Charakters« nach der der Mensch frei ist und in der praktischen Vernunft über die Grundlagen seines Lebens befindet.

Was sollen wir tun? Das war die zweite Frage, die Kant aus der Philosophie herleitete. Die Antwort kann an dieser Stelle nur theoretisch gegeben werden; denn wir handeln in einem geschriebenen Buch ja nicht praktisch, wir reden über die Dinge. Ethik hat sich jedoch im konkreten, moralisch guten Tun zu bewähren.

Zunächst müssen wir die Geltung von Normen anerkennen. Dies ist durchaus wieder ein Akt rationaler Entscheidung. Die Universalität und Unbedingtheit ethischer Verpflichtung ist selbst nicht begründbar. Sie muß gerechtfertigt werden. Jonas nennt das »Verantwortung« (Mitleid allein begründet keine Ethik, ZEIT 1989). Thimm spricht von der »Primär-Option ... Menschliches Leben beginnt mit der Konzeption und ist als solches zu schützen und zu achten« (1989, 137). In Artikel 1 des Grundgesetzes »Die Würde des Menschen ist unantastbar« ist diese Wertbasis in der Erwartung proklamiert, daß darüber ein demokratischer Konsens herrscht (das Grundgesetz kann nur mit Zwei-Drittel-Mehrheit des Bundestages geändert werden). In der Absage an den Konsequentialismus lautet dann die deontologische Basis jeder Ethik: »Damit Moral überhaupt existieren kann, privat oder öffentlich, muß es einige Dinge geben, die ungeachtet ihrer Folgen nicht getan werden sollten, einige Grenzen, die nicht überschritten werden dürfen« (Warnock 1990, 225). Die nordelbische Bischofskonferenz der Evangelischen Kirche hat anläßlich eines ZEIT-Dossiers vom 23. 6. 1989 erklärt: »Das Leben ist eine Gabe Gottes. Der Mensch darf über diese Gabe nicht verfügen. Es mag dem Arzt zustehen zu entscheiden, in bestimmten Fällen medizinische Hilfe zur Hinauszögerung des Sterbens einzustellen. Niemals und unter keinen Umständen steht es ihm zu, den Tod selbst herbeizuführen. Dies kann auch niemals als ein ›Recht auf Barmherzigkeit‹ eingefordert werden.« Bischof Wilckens schreibt in einem Leserbrief an die ZEIT dazu weiter: »Für gläubige Christen – übrigens durch alle Konfessionen hindurch – gilt, daß Menschen nicht über menschliches Leben verfügen dürfen, weil Gott allein der Herr über Leben und Tod ist ... Humanität, wie wir sie alle wollen, bedarf eines Schutzes jenseits menschlicher Verfügbarkeit« (Erschreckende Anfänge, DIE ZEIT 1989).

Es wäre allerdings zu einfach, wenn diese Wertbasis als ›absolutes Tötungsverbot‹ reklamiert würde. ›Absolut‹ heißt (lateinisch) losgelöst, abgelöst von den konkreten Bedingungen. Die tatsächlichen Umstände sehen anders aus: Jedes Jahr werden in unserem Land im mörderischen Straßenverkehr 7 000 Tötungen in Kauf genommen, werden kriegerische Auseinandersetzungen weltweit als Mittel der Politik mit der Nebenwirkung der Tötung von Menschen achselzuckend registriert, wird der Hungertod von Hunderttausenden als unabwendbar zur Kenntnis genommen. Aber auch in unseren Kliniken werden schwerstbehinderte Neugeborene ›liegengelassen‹, wird das Leben todkranker Menschen nicht mit allen möglichen Mitteln verlängert (Grenzen der ärztlichen Behandlungspflicht 1986). Die Praxis der IVF-Verfahren gefährdet Embryonen tödlich, weil in der Regel eine größere Anzahl extrakorporal befruchteter menschlicher Zellen zerstört wird. Das Embryonenschutzgesetz von 1990 toleriert eine Abtreibungsrate bis zu 90 % (Benda-Bericht 1985). Wer sich gegen absolute Kindestötung ausspricht, muß auch gegen den Fetozid sein und konsequenterweise auch gegen jegliche Abtreibung. Beschlüsse, Appelle, Verpflichtungen, die eine absolute Anerkenntnis behinderten Lebens propagieren, sind insofern wertlos, weil sie das bestehende existentielle Problem zudecken und dem Mißverhältnis zwischen allgemeinen (abstrakten) Postulaten und konkretem Leidensdruck nicht aufhelfen. Ja, sie können sogar zum heuchlerischen Alibi werden. Singer hat von einer solchen Argumentation geradezu profitiert. Wer absichtliches Töten verurteilt, aber die Praxis des Sterbenlassens und die selektiven Techniken des Fetozids und der Abtreibung hinnimmt, muß sich vorwerfen lassen, daß er ein »eingeschränktes Prinzip der Heiligkeit des Lebens« handhabe (Kuhse 1990, 99).

Das Dilemma erscheint unauflösbar. Es offenbart die Widersprüchlichkeit unseres Menschenbildes vom Behindertsein, die uns das Leben in seinen Belastungen aufbürdet. Es zeigt indes auch, daß es keine allgemeingültige, überzeitliche, losgelöste und für jeden verbindliche Ethik für die Behindertenpädagogik geben kann. Dieses Dilemma aufzudecken heißt darum zugleich, sich um mögliche Lösungen zu bemühen. Endgültige Antworten auf ethische Fragen gibt es nicht. Die Behindertenpädagogik ist jedoch aufgerufen, ihr Gewissen für die Lebensfragen der betroffenen Behinderten offenzuhalten und immer erneut um die Aussage zu ringen, was als generelle Richtschnur und als Handlung im Einzelfall gut und richtig ist.

Damit besteht ein Spannungsverhältnis zwischen allgemeiner (auch gesetzlicher) Regelung, die prinzipiell für alle Fälle und unabhängig von der besonderen Situation gilt, und der Einzelfallentscheidung. Der unaufhebbare Konflikt – Thimm sprach von Kontingenzerfahrung (1989, 8) – gilt für Abtreibung und Sterbehilfe, künstliche Insemination und selektiven Fetozid. Er macht die soziale Wirklichkeit aus, und darum ist eine pragmatische Lösung naheliegend. Sie schlägt sich bezeichnenderweise in der angelsächsischen Philosophie nieder.

Das absolute und generelle christliche Gebot »Du sollst nicht töten« hat nie verhindert, daß getötet wurde, und dies selbst im Namen des Glaubens. Das Wissen um die begrenzte Geltung des Tötungsverbots hat aber nie dazu geführt, das allgemeinverbindliche Gebot abschaffen zu wollen. In analoger Weise lassen sich gattungsbezogene Menschenwürde und individuelle Menschenwürde unterscheiden (Birnbacher 1990, 269). Die bisherigen Regelungen zum Abtreibungsparagraphen 218 StGB in Deutschland (auf dem Gebiet der alten Bundesrepublik) verfahren entsprechend. Generell verbietet § 218 die Abtreibung. In den Ausnahmefällen von medizinischer, eugenischer, ethischer und sozialer Indikation ist Abtreibung straffrei gestellt. Ähnlich haben Gerichte in aller Welt entschieden, wenn Kindestötung, unterlassene Pflege bei Schwerstbehinderten und Sterbehilfe nicht geahndet oder mit geringfügigen Strafen belegt wurden, obgleich sich die Tatbestände juristisch dem vorsätzlichen Mord nähern.

Somit ist die auf den individuellen Fall bezogene moralische Handlung eine spannungsreiche Mischung aus deontologischen (grundsätzlichen) und teleologischen (konsequentialistischen) Normen. Prinzipiell gilt: Du sollst nicht töten. Aber nicht nur der hippokratische Eid, sondern auch das Ansehen der Barmherzigkeit gebieten, Menschen nicht (unnötig?) leiden zu lassen. Dies kann andere Entscheidungen rechtfertigen.

Es ist aber ausdrücklich zu betonen: Einzelfallrechtfertigung ist jeweils einmalig. Wer sie zu verallgemeinern sucht, sieht sich dem Dammbruch-Argument unausweichlich konfrontiert. Wenn die Tötung schwerstbehinderter Säuglinge freigegeben würde, wäre der Damm gebrochen. Das zumindest müßten wir aus unserer nationalsozialistischen Vergangenheit gelernt haben. Denn es läßt sich keine Grenze ziehen, wann das behinderte Leben noch ›lebenswert‹ ist und wann nicht. Es gibt weder externe (von außen, von der Gesellschaft) noch interne (vom individuellen Lebensglück her) festgelegte Wertkriterien, die in universeller Weise nach dem Prinzip der Gleichbehandlung aller Menschen zu beurteilen erlauben, wann Leben lebenswert ist. Den Begriff des lebensunwerten Lebens darf es nicht geben!

Umso größer ist die Bürde moralischer Konsequenz in Einzelfällen. Sie ist nie frei von Zweifeln und bedarf der verfahrensethischen Regelung: Indem den Eltern die Verantwortung für oder gegen Abtreibung des als behindert diagnostizierten Fetus übertragen wird, obwohl ein grundsätzliches Recht auf Leben und ein Verbot der Tötung dem entgegenstehen, aber sie müssen sich beraten lassen, verantwortlich beraten werden, Fristen einhalten, ihr Handeln überdenken und korrigieren können. Diese Lösung ist eine sehr schmale Gratwanderung, weil sie »die Kontingenz ethischer Entscheidungen« nicht aufhebt (Antor 1989, 12). Das Dilemma, von dem oben gesprochen wurde, läßt sich also nicht beseitigen: »Der strikte Konsequentialismus mag bei der Einzelfallbeurteilung zutreffen, ist damit aber nicht bereits als generelle Strategie überzeugend, und diese ist für die Ethik eher oder mindestens ebenso wichtig« (Leist 1990, 34).

Ob es möglich ist, in einem Kompromiß »zwischen Prinzipienrigorismus der Deontologen und Einzelfallrigorismus mancher Konsequentialisten eine angemessene, ausgewogene moralische Mittellinie zu finden« (Leist 1990, 35), erscheint als eine allzu theoretische Frage. Sie hilft nicht unbedingt in der realen Konfliktsituation, in der es keine moralische Mitte gibt, sondern nur ein Ja oder Nein. Muß es denn eine glatte Lösung geben? Thomson sagt in bezug auf die Abtreibung, und dies gilt wohl für die gesamte Ethik der Behindertenpädagogik in übertragener Weise: »Obwohl ich sage, daß Abtreibung nicht unerlaubt ist, sage ich doch nicht, daß sie immer erlaubt ist. Es kann durchaus Fälle geben, in denen das Kind auszutragen von der Mutter nur die Anstrengung eines minimal anständigen Samariters verlangt, und das ist der Standard, unter den wir nicht fallen sollten. Ich tendiere dazu, es gerade für einen Vorteil meiner Theorie zu halten, daß sie kein generelles ›ja‹ oder ›nein‹ anbietet« (1990, 128). Und sie nennt dann einen Fall, wo sie die Abtreibung »selbstverständlich« befürwortet: bei der vierzehnjährigen Schülerin, die aufgrund einer Vergewaltigung schwanger ist; und einen anderen Fall, wo sie die Abtreibung für »anstößig« hält, nämlich wenn damit nur die Reise ins Ausland möglich werden soll.

Unsere Haltung – und dies ist weitgehend eine Haltung der nichtbehinderten Gesellschaft – ist ebenso grundsätzlich wie einfach und selbstverständlich formuliert: Behinderte müssen wissen, daß sie zu dieser Gemeinschaft gehören, mit gleichen Rechten und Chancen, ohne Unterschied der Person und der Ausprägung ihrer Persönlichkeit, als Mensch wie wir alle, die wir je verschiedene Individuen sind. Die Haltung der Behindertenpädagogik muß für die ihr anvertrauten Menschen Garantie stehen, ohne Wenn und Aber, ohne Abstriche und Bedingungen. Dies ist eine Basisnorm, zu deren Verpflichtung wir uns erklären. Sie bedarf keiner weiteren Begründung. Der unverbrüchliche Grundsatz stellt das ethische Fundament dar: Einer trage des anderen Last. Es ist unser geringer Dank, der wir die Kraft haben, für andere da zu sein. Das schulden diejenigen, die weniger belastet sind, als kleinen Dank dem Leben.

Literatur

Albert, H.: Wertfreiheit als methodisches Prinzip. In: Topitsch, E. (Hrsg.): Logik der Sozialwissenschaften. Köln [5]1968, 181–210.

Albert, H.: Ethik und Meta-Ethik. In: Albert, H./Topitsch, E. (Hrsg.): Werturteilsstreit. Darmstadt [2]1979.

Ammann, W.: Schullaufbahn mit Umwegen. Rücküberweisungen aus der Sonderschule. Oldenburg 1984.

Anstötz, Ch.: Ethik und Behinderung. Ein Beitrag zur Ethik der Sonderpädagogik aus empirisch-rationaler Perspektive. Berlin 1990.

Antor, G.: Legitimationsprobleme sonderpädagogischen Handelns. In: Bleidick 1985, 235–250.

Antor, G.: Betroffene und Stellvertreter. Zu Ethik-Fragen in der Sonderpädagogik. In: Thimm u.a. 1989, 12–29.

Antor, G.: Wertidentität und Erfolg – oder: Läßt sich eine gemeinsame pädagogische Förderung Behinderter und Nichtbehinderter ausschließlich moralisch rechtfertigen? In: Ellger-Rüttgardt 1990, 25–37.

Antor, G.: Die Förderung schwerstbehinderter Menschen. Ethische und pädagogische Folgerungen. In: Zeitschrift für Heilpädagogik 42 (1991) 217–229.

Bachmann, W.: Das unselige Erbe des Christentums: Die Wechselbälge. Zur Geschichte der Heilpädagogik. Gießen 1985.

Bank-Mikkelsen, N. E.: Denmark. In: Flynn, R. J./Nitsch, K. E. (Eds.): Normalization, Social Integration, and Community Services. Baltimore 1980, 51–70.

Bard, B./Fletcher, J.: The Right to Die. In: Atlantic Monthley 221 (1968) 59–64.

Baudisch, W.: Effektive Bedingungen und Wege für die Bildung und Erziehung physisch-psychisch geschädigter Kinder und Jugendlicher. In: Die Sonderschule 34 (1989) 1–9.

Baumann-Hölzle, R./Bondolfi, A./Ruh, H. (Hrsg.): Genetische Testmöglichkeiten. Ethische und rechtliche Fragen. Frankfurt 1990.

Becker, K. P. und Autorenkollektiv: Rehabilitationspädagogik. Berlin [2]1984.

Behinderte in der Bundesrepublik Deutschland. Veröffentlichungen des Socialdata-Instituts. Bonn 1985.

Bekanntmachung der Bundesärztekammer: Mehrlingsreduktion mittels Fetozid. Stellungnahme der »Zentralen Kommission der Bundesärztekammer zur Wahrung ethischer Grundsätze in der Reproduktionsmedizin, Forschung an menschlichen Embryonen und Gentherapie«. In: Deutsches Ärzteblatt 86 (1989) Heft 31/32, 1575–1577.

Bericht über die gemeinsame Förderung und Erziehung behinderter und nichtbehinderter Kinder in Kindertagesstätten. Beschluß der Konferenz der Jugendminister und -senatoren der Länder in der Bundesrepublik Deutschland vom 18. September 1985. Wiesbaden 1985.

Benda-Bericht: In-vitro-Fertilisation, Genomanalyse und Gentherapie. Bericht der gemeinsamen Arbeitsgruppe des BFT und BJ. München 1985.

Bentham, J.: An Introduction to the Principles of Morals and Legislation. London 1780.

Binding, K./Hoche, A.: Die Freigabe der Vernichtung lebensunwerten Lebens. Ihr Maß und ihre Form. Leipzig 1920.

Birnbacher, D.: Gefährdet die moderne Reproduktionsmedizin die menschliche Würde? In: Leist 1990, 266–281.

Bleidick, U.: Pädagogik der Behinderten. Grundzüge einer Theorie der Erziehung behinderter Kinder und Jugendlicher. Berlin [5]1984.

Bleidick, U. (Hrsg.): Theorie der Behindertenpädagogik (Handbuch der Sonderpädagogik, Band 1). Berlin 1985.

Bleidick, U.: Wissenschaftssystematik der Behindertenpädagogik. In: Bleidick, U. (Hrsg.): Theorie der Behindertenpädagogik (Handbuch der Sonderpädagogik, Band 1). Berlin 1985 a, 48–86.

Bleidick, U.: Historische Theorien: Heilpädagogik, Sonderpädagogik, Pädagogik der Behinderten. In: Bleidick, U. (Hrsg.): Theorie der Behindertenpädagogik (Handbuch der Sonderpädagogik, Band 1). Berlin 1985 b, 253–272.

Bleidick, U.: Freiheit und Gleichheit im Bildungswesen für Behinderte. In: Thalhammer, M. (Hrsg.): Gefährdungen des behinderten Menschen im Zugriff von Wissenschaft und Praxis. Anfragen an Sondererziehung und Therapie. München 1986, 13–37.

Bleidick, U.: Empirische Begründung und ideologische Rechtfertigung der pädagogischen Förderung Behinderter. In: Der Senator für Schulwesen, Berufsausbildung und Sport Berlin: Sonderpädagogik heute – Bewährtes und Neues. Referate des Sonderpädagogischen Forums Berlin. Fachtagung vom 23. bis 25. November 1987. Berlin 1987, 32–82.

Bleidick, U.: Betrifft Integration: behinderte Schüler in allgemeinen Schulen. Konzepte der Integration: Darstellung und Ideologiekritik. Berlin 1988 a.

Bleidick, U.: Ethos, Caritas, System oder der Versuch, pädagogische Hilfe für Behinderte auf einen kategorialen Begriff zu bringen. In: Blickenstorfer, J./Dohrenbusch, H./Klein, F. (Hrsg.): Ethik in der Sonderpädagogik. Festschrift zum 65. Geburtstag von Prof. Dr. Heinz Bach. Berlin 1988 b, 61–79.

Bleidick, U.: Behinderte im Bildungswesen. In: Bundesministerium für innerdeutsche Beziehungen (Hrsg.): Materialien zur Lage der Nation. Vergleich von Bildung und Erziehung in der Bundesrepublik Deutschland und in der Deutschen Demokratischen Republik. Köln 1990 a, 561–580.

Bleidick, U.: Bildungspolitische Entwicklungslinien zur Integration von Behinderten. In: Schuck, K. D. (Hrsg.): Beiträge zur Integrativen Pädagogik. Weiterentwicklungen des Konzepts gemeinsamen Lebens und Lernens Behinderter und Nichtbehinderter. Hamburg 1990 b, 9–32.

Bleidick, U.: Die Behinderung im Menschenbild und hinderliche Menschenbilder in der Erziehung von Behinderten. In: Zeitschrift für Heilpädagogik 41 (1990 c) 514–534.

Bleidick, U./Ellger-Rüttgardt, S. (Hrsg.): Lehrer für Behinderte. Monographie zum Sonderschullehrer. Stuttgart 1979.

Bleidick, U./Ellger-Rüttgardt, S. (Hrsg.): Berufliche Bildung behinderter Jugendlicher. Stuttgart 1982.

Bleidick, U./Rath, W.: Bedingungen für die Entwicklung und die Weiterentwicklung der pädagogischen Förderung Behinderter im internationalen Vergleich. In: Klauer, K. J./Mitter, W. (Hrsg.): Vergleichende Sonderpädagogik (Handbuch der Sonderpädagogik, Band 11). Berlin 1987, 48–98.

Bleidick, U./Rumpler, F.: Zum Unterricht für Schülerinnen und Schüler mit sonderpädagogischem Förderbedarf. Vorstellungen der Kultusministerkonferenz zur Zukunft der sonderpädagogischen Förderung. In: Zeitschrift für Heilpädagogik 40 (1989) 328–340.

Bollnow, O. F.: Die anthropologische Betrachtungsweise in der Pädagogik. Essen 1965.

Bopp, L.: Allgemeine Heilpädagogik in systematischer Grundlegung und mit erziehungspraktischer Einstellung. Freiburg 1930.

Bronfenbrenner, U.: Wie wirksam ist kompensatorische Erziehung? Stuttgart 1974.

Brusten, M./Hohmeier, J. (Hrsg.): Stigmatisierung. Zur Produktion gesellschaftlicher Randgruppen. 2 Bände. Neuwied 1975.

Bürli, A.: Zur Behindertenpädagogik in Italien, England und Dänemark. Fakten, Beobachtungen, Anregungen. Luzern 1985.

Büttemeier, W./Möller, B. (Hrsg.): Der Positivismusstreit in der deutschen Erziehungswissenschaft. München 1979.

Bundesanstalt für Arbeit (Hrsg.): Behinderte Jugendliche vor der Berufswahl. Handbuch für Lehrer und Berufsberater. Wiesbaden 1990.

Butzke, F./Bordel, R. (Hrsg.): Leben ohne Beruf? Alternative Lebensgestaltung junger Behinderter ohne berufliche Perspektive. Heidelberg 1989.

Chancen und Risiken der Gentechnologie. Bericht der Enquete-Kommission. Bundestagsdrucksache 10/6775. Bonn 1987.

Cloerkes, G.: Einstellung und Verhalten gegenüber Behinderten. Eine kritische Bestandsaufnahme internationaler Forschung. Berlin [3]1985.

Cramer, H. M.: Die neue Werkstättenverordnung. Kommentar unter Berücksichtigung der Materialien und des Leistungsrechts sowie einer Zusammenstellung der Rechtsgrundlagen der Werkstatt für Behinderte. München 1981.

Der Bundesminister für Arbeit und Sozialordnung: Behinderte und Rehabilitation. Zweiter Bericht der Bundesregierung über die Lage der Behinderten und die Entwicklung der Rehabilitation 1989. Bonn 1989.

Deutscher Bildungsrat, Empfehlungen der Bildungskommission: Zur pädagogischen Förderung behinderter und von Behinderung bedrohter Kinder und Jugendlicher. Bonn 1973.

Die Vorsokratiker. In Auswahl übersetzt und herausgegeben von W. Nestle. Jena 1908.

Dilthey, W.: System der Ethik. In: Dilthey, W.: Gesammelte Schriften, X. Band. Göttingen ²1965.

Dörner, K.: Was unterscheidet die heutigen Überlegungen zur Sterilisation von Menschen mit geistiger Behinderung von der Zwangssterilisation der NS-Zeit? In: Neuer-Miebach, Th./Krebs, H. (Hrsg.): Schwangerschaftsverhütung bei Menschen mit geistiger Behinderung – notwendig, möglich, erlaubt? Referate und Diskussionsergebnisse der Fachtagung im Juni 1987 in Marburg/Lahn. Marburg 1987, 39–53.

Dörner, K.: Tödliches Mitleid. Zur Frage der Unerträglichkeit des Lebens oder: die soziale Frage: Entstehung, Medizinisierung, NS-Endlösung heute, morgen. Gütersloh 1988.

Driesch, J. von den: Geschichte der Wohltätigkeit. Band I: Die Wohltätigkeit im Alten Ägypten. Paderborn 1959.

Egg, M.: Andere Kinder – andere Erziehung. Ein Wegweiser für Eltern, Betreuer und Freunde geistig behinderter Kinder. Zürich 1965.

Eibach, U.: Gentechnik als Griff nach dem Leben. Eine ethische und theologische Beurteilung. Wuppertal ²1986.

Eibach, U.: »Sterbehilfe« und die »lebenswert«-Diskussion. In: Geistige Behinderung 29 (1990) 113–118.

Ellger-Rüttgardt, S. (Hrsg.): Bildungs- und Sozialpolitik für Behinderte. München 1990.

Ellger-Rüttgardt, S.: Behindert und europäisch. Perspektiven einer europäischen Bildungs- und Sozialpolitik für Behinderte. In: Ellger-Rüttgardt 1990, 49–63.

Ellger-Rüttgardt, S./Poppe, M.: Gemeinsames Lernen von behinderten und nichtbehinderten Schülern in der Grundschule. Theorie und Praxis eines integrativen Unterrichts. In: Zeitschrift für Heilpädagogik 38 (1987) 313–327.

Empfehlungen für den Unterricht in der Schule für Geistigbehinderte (Sonderschule). Beschlüsse der Kultusministerkonferenz. Neuwied 1979.

Erschreckende Anfänge. Leserbrief von Bischof Dr. Ulrich Wilckens. In: DIE ZEIT 21. 7. 1989.

Europäisches Parlament, Petition Nr. 357/88: Gesetzentwurf zur Verringerung der Zahl anomaler Kinder. Luxemburg 1988.

Fend, H.: Gesellschaftliche Bedingungen schulischer Sozialisation. Soziologie der Schule I. Weinheim [3]1976.
Fend, H.: Gesamtschule im Vergleich. Bilanz der Ergebnisse des Gesamtschulversuchs. Weinheim 1982.
Ferber, Ch. von: Zum soziologischen Begriff der Behinderung. In: Zeitschrift für Heilpädagogik 27 (1976) 416–423.
Ferdinand, W.: Chancengleichheit durch Vorklassen? Fünf empirische Untersuchungen. Essen 1971.
Feyerabend, P.: Wider den Methodenzwang. Skizze einer anarchistischen Erkenntnistheorie. Frankfurt 1976.
Flitner, A.: Gerechtigkeit als Problem der Schule und als Thema der Bildungsreform. In: Zeitschrift für Pädagogik 31 (1985) 1–26.
Flitner, W.: Grund- und Zeitfragen der Erziehung und Bildung. Stuttgart 1954.
Frühauf, Th.: Schulische Rehabilitation durch Rückschulung. Historische Entwicklung, Modelle und empirische Analysen reintegrativer Förderung lernbehinderter Schüler. Marburg 1986.
Füssel, H. P.: Elternrecht und Sonderschule. Ein Beitrag zum Umfang des Elternrechts in der Schule für Lernbehinderte. Berlin (Max-Planck-Institut für Bildungsforschung) 1987.

Gamm, H. J.: Materialistisches Denken und pädagogisches Handeln. Frankfurt 1980.
Georgens, J. D./Deinhardt, H. M.: Die Heilpädagogik mit besonderer Berücksichtigung der Idiotie und der Idiotenanstalten. Band I: Zwölf Vorträge zur Einleitung und Begründung einer heilpädagogischen Gesamtwissenschaft. Leipzig 1861. Neuausgabe, hrsg. von W. Bachmann. Gießen 1979.
Gerspach, M.: Kritische Heilpädagogik. Frankfurt 1981.
Goffman, F.: Stigma. Über Techniken der Bewältigung beschädigter Identität. Frankfurt [2]1967.
Grenzen der ärztlichen Behandlungspflicht bei schwerstgeschädigten Neugeborenen. Empfehlung der Deutschen Gesellschaft für Medizinrecht (DGMR), erarbeitet beim I. Einbecker Expertengespräch 27.–29. Juni 1986. In: Medizinrecht 1 (1986) 281.
Groeben, N.: Normkritik und Normbegründung als Aufgabe der Pädagogischen Psychologie. In: Brandstädter, J./Reinert, G./Schneewind, K. A. (Hrsg.): Pädagogische Psychologie: Probleme und Perspektiven. Stuttgart 1979, 51–77.

Habermas, J.: Analytische Wissenschaftstheorie und Dialektik. Ein Nachtrag zur Kontroverse zwischen Popper und Adorno. In: Topitsch, E. (Hrsg.): Logik der Sozialwissenschaften. Köln [5]1968, 291–311.

Habermas, J.: Gegen einen positivistisch halbierten Rationalismus. In: Adorno, Th. u.a.: Der Positivismusstreit in der deutschen Soziologie. Neuwied [5]1976, 235–266.

Haeberlin, U.: Die wissenschaftstheoretische Wende in der Heilpädagogik. In: Vierteljahresschrift für Heilpädagogik und ihre Nachbargebiete 49 (1980) 2–14.

Haeberlin, U.: Das Menschenbild für die Heilpädagogik. Bern 1985.

Hanselmann, H.: Grundlinien zu einer Theorie der Sondererziehung (Heilpädagogik). Zürich 1941.

Hare, R. M.: Das mißgebildete Kind. Moralische Dilemmata für Ärzte und Eltern. In: Leist 1990, 374–383.

Hare, R. M.: Eine moderne Form der Goldenen Regel. In: Birnbacher, D./Hoerster, N. (Hrsg.): Texte zur Ethik. München [8]1991, 109–124.

Haupt, U.: Die schulische Integration von Behinderten. In: Bleidick, U. (Hrsg.): Theorie der Behindertenpädagogik (Handbuch der Sonderpädagogik, Band 1). Berlin 1985, 152–197.

Heinrichs, K.: Versuch einer wissenschaftstheoretischen Grundlegung der Heilpädagogik. Halle 1931.

Hempel, C. G./Oppenheim, P.: Studies in the Logic of Explanation. In: Philosophy of Science 15 (1948) 135–175.

Hiller, G. G.: Ausbruch aus dem Bildungskeller. Pädagogische Provokationen. Ulm 1989.

Höffe, O. (Hrsg.): Einführung in die utilitaristische Ethik. Klassische und zeitgenössische Texte. München 1975.

Höffe, O. (Hrsg.): Lexikon der Ethik. München [3]1986.

Hohmeier, J.: Stigmatisierung als sozialer Definitionsprozeß. In: Brusten, M./Hohmeier, J. (Hrsg.): Stigmatisierung. Zur Produktion gesellschaftlicher Randgruppen. Neuwied 1975, Band I, 5–24.

Homfeldt, H.-G.: Wie Ali und Werner vom Schulbesuch ausgeschlossen wurden. Interpretative Prozesse in der Alltagswelt der Schule. Essen 1974.

Jantzen, W.: Allgemeine Behindertenpädagogik. Band 1: Sozialwissenschaftliche und psychologische Grundlagen. Weinheim 1987.

Jonas, H.: Das Prinzip Verantwortung. Versuch einer Ethik für die technologische Zivilisation. Frankfurt 1979.

Juhl, K. D.: Vereinigte Staaten von Amerika (USA). In: Klauer, K. J./Mitter, W. (Hrsg.): Vergleichende Sonderpädagogik (Handbuch der Sonderpädagogik, Band 11). Berlin 1987, 565–586.

Just, G. (Hrsg.): Handbuch der Erbbiologie des Menschen. Stuttgart 1939.

Kant, I.: Logik. In: Kant's gesammelte Schriften. Hrsg. von der Königlich Preußischen Akademie der Wissenschaften. Band IX. Berlin 1923.

Kanter, G. O.: Ansätze zu einer empirischen Behindertenpädagogik. In: Bleidick, U. (Hrsg.): Theorie der Behindertenpädagogik (Handbuch der Sonderpädagogik, Band 1). Berlin 1985, 343–382.

Kanter, G. O.: Zum Scheitern der Versuche, eine systemkonforme Bildungsorganisation für »schwachbefähigte Kinder« schaffen zu wollen. In: Ellger-Rüttgardt 1990, 160–171.

Kanter, G. O.: Kennzeichnungen der aktuellen Situation des Bildungswesens und Zukunftsperspektiven der Behindertenpädagogik. In: Zeitschrift für Heilpädagogik 42 (1991) 92–103.

Kautter, H./Klein, G./Laupheimer, W./Wiegand, H.-S.: Das Kind als Akteur seiner Entwicklung. Idee und Praxis der Selbstgestaltung in der Frühförderung entwicklungsverzögerter und entwicklungsgefährdeter Kinder. Heidelberg 1988.

Keupp, H.: Psychische Störungen als abweichendes Verhalten. Zur Soziogenese psychischer Störungen. München 1972.

Klauer, K. J.: Erkenntnismethoden der Lernbehindertenpädagogik. In: Kanter, G. O./Speck, O. (Hrsg.): Pädagogik der Lernbehinderten (Handbuch der Sonderpädagogik, Band 4). Berlin ²1977, 76–89.

Klee, E.: »Euthanasie« im NS-Staat. Die »Vernichtung lebensunwerten Lebens«. Frankfurt 1989.

Klein, G./Kreie, G./Kron, M./Reiser, H.: Integrative Prozesse in Kindergartengruppen. Über die gemeinsame Erziehung von behinderten und nichtbehinderten Kindern. München 1987.

Kloas, P.-W./Stenger, H.: Berufsschüler ohne Berufschance? Eine Analyse zu den Berufsstartproblemen, der sozialen Herkunft und den Maßnahmen der beruflichen Integration lernbehinderter und lerngestörter Jugendlicher. Hannover 1980.

Kommission der europäischen Gemeinschaften: Vorschlag für eine Entscheidung des Rats über ein spezifisches Forschungsprogramm im Gesundheitsbereich: Analyse des menschlichen Genoms (1989–1991). Dok. 7929/88.

Korte, J.: Disziplinprobleme im Schulalltag. Über den pädagogischen Umgang mit schwierigen Schülern. Weinheim 1982.

Kuhn, Th.: Die Struktur wissenschaftlicher Revolutionen. Frankfurt 1967.

Kuhse, H.: Die Lehre von der ›Heiligkeit des Lebens‹. In: Leist 1990, 75–106.

Leist, A. (Hrsg.): Um Leben und Tod. Moralische Probleme bei Abtreibung, künstlicher Befruchtung, Euthanasie und Selbstmord. Frankfurt 1990.

Litt, Th.: Das Wesen des pädagogischen Denkens. 1921. Neuabdruck in: Führen oder Wachsenlassen. Stuttgart ²1952, 83–109.

Löwisch, D.-J.: Pädagogisches Heilen. Versuch einer erziehungsphilosophischen Grundlegung der Heilpädagogik. München 1969.

Lowenfeld, B. (Ed.): The Changing Status of the Blind – From Separation to Integration. Thomas, Springfield Ill. 1975.

Lübbe, H.: Anfang und Ende des Lebens. Normative Aspekte. In: Lübbe, H. u.a.: Anfang und Ende des Lebens als normatives Problem (Akademie der Wissenschaften und der Literatur Mainz, Jg. 1988, Nr. 12). Stuttgart 1988, 5–26.

Luhmann, N.: Legitimation durch Verfahren. Neuwied 1969.

Luhmann, N.: Zweckbegriff und Systemrationalität. Über die Funktion von Zwecken in sozialen Systemen. Neuwied 1973.

Luhmann, N./Schorr, K.-E.: Reflexionsprobleme im Erziehungssystem. Stuttgart 1979.

Luhmann, N./Schorr, K.-E.: Strukturelle Bedingungen der Reformpädagogik. Soziologische Analysen zur Pädagogik der Moderne. In: Zeitschrift für Pädagogik 34 (1988) 463–480.

Masendorf, F./Walter, J.: Leitfaden einer empirischen Lernbehindertenpädagogik. Eine praxisorientierte Grundlegung für Sonderpädagogen. Berlin 1983.

Mill, J. St.: Der Utilitarismus. Deutsche Übersetzung mit Anmerkungen und Nachwort von D. Birnbacher. Stuttgart 1985.

Mitleid allein begründet keine Ethik. Ein ZEIT-Gespräch mit dem Moralphilosophen Hans Jonas über Euthanasie und Ethik. In: DIE ZEIT 25. 8. 1989.

Möckel, A.: Die Legitimität der Schule für Lernbehinderte. In: Sander, A. (Hrsg.): Sonderpädagogik in der Regelschule. Berlin 1976, 11–26.

Möckel, A.: Geschichte der Heilpädagogik. Stuttgart 1988.

Mollenhauer, K.: Theorien zum Erziehungsprozeß. Zur Einführung in erziehungswissenschaftliche Fragestellungen. München 1972.

Montalta, E.: Grundlagen und systematische Ansätze zu einer Theorie der Heilerziehung (Heilpädagogik). In: Jussen, H. (Hrsg.): Handbuch der Heilpädagogik in Schule und Jugendhilfe. München 1967, 3–43.

Moor, P.: Heilpädagogische Psychologie. Band II: Pädagogische Psychologie der Entwicklungshemmungen. Bern 1958.

Moor, P.: Heilpädagogik. Ein pädagogisches Lehrbuch. Bern [3]1974.

Muth, J.: Integration von Behinderten. Über die Gemeinsamkeit im Bildungswesen. Essen 1986.

Nowak, J.: Soziale Probleme und soziale Bewegungen. Eine praxisorientierte Einführung. Weinheim 1988.

Passarge, E./Rüdiger, H. W.: Genetische Pränataldiagnostik als Aufgabe der Präventivmedizin. Stuttgart 1979.

Popper, K. R.: Die offene Gesellschaft und ihre Feinde. Band I: Der Zauber Platons. Band II: Falsche Propheten. Hegel, Marx und die Folgen. Bern 1958.

Popper, K. R.: Das Elend des Historizismus. Tübingen [3]1971.

Popper, K. R.: Logik der Forschung. Wien 1935. Neuauflage Tübingen 1976 a.

Popper, K. R.: Die Logik der Sozialwissenschaften. In: Adorno, Th. u.a.: Der Positivismusstreit in der deutschen Soziologie. Neuwied [5]1976 b, 103–123.

Radtke, P.: Wir lassen nicht über uns diskutieren. Zur Lebensrechtsdebatte behinderter Menschen. In: Geistige Behinderung 29 (1990) 275–279.

Rath, W.: Systematik und Statistik von Behinderungen. In: Bleidick, U. (Hrsg.): Theorie der Behindertenpädagogik (Handbuch der Sonderpädagogik, Band 1). Berlin 1985, 25–47.

Rath, W./Appelhans, P.: Sehauffällige Schüler in allgemeinen Schulen. Sehbeeinträchtigung als Variable schulischen Lernens. Frankfurt 1985.

Reble, A.: Menschenbild und Pädagogik. In: Die Deutsche Schule 51 (1959) 49–66.

Rössel, F.: Das Helfen in der heilpädagogischen Arbeit (Beiträge zur Grundfrage der Heilpädagogik). Halle 1931.

Rothacker, E.: Logik und Systematik der Geisteswissenschaften. Bonn 1948.

Rousseau, J. J.: Émile oder über die Erziehung. Auswahl. Quellentexte, hrsg. von H. Röhrs. Heidelberg 1967.

Rutter, M./Maughan, B./Mortimer, R./Ouston, J.: Fünfzehntausend Stunden. Schulen und ihre Wirkung auf Kinder. Weinheim 1980.

Sass, H. M. (Hrsg.): Medizin und Ethik. Stuttgart 1989.

Seifert, M.: Person oder nicht Person – das ist nicht die Frage. Vom Zusammenleben mit einem schwerst mehrfachbehinderten Kind. In: Geistige Behinderung 29 (1990) 261–268.

Sekretariat der Ständigen Konferenz der Kultusminister der Länder in der Bundesrepublik Deutschland. Statistische Veröffentlichungen Dokument Nr. 101, August 1987.

Singer, P.: Praktische Ethik. Stuttgart 1984.

Sucharowski, W./Lieb, B./Kaak, S./Nehlsen, L.: Verhalten zwischen Verständigung und Verstehen. Kommunikationsanalysen zum gemeinsamen Unterricht von behinderten und nichtbehinderten Kindern in der Grundschule. Kiel 1988.

Schirmacher, A.: Lernbehinderte ausländische Schüler. Weinheim 1990.

Schwarz, F. H. Ch.: Lehrbuch der Erziehungs- und Unterrichtslehre. 1905. 3. Aufl. als: Lehrbuch der Pädagogik und Didaktik. Zweiter Band: System der Erziehung, besorgt von H.-H. Groothoff: Lehrbuch der Erziehungs- und Unterrichtslehre. Paderborn 1968.

Spaemann, R.: Geleitwort. In: Bastian, T. (Hrsg.): Denken – Schreiben – Töten. Zur neuen »Euthanasie«-Diskussion und zur Philosophie Peter Singers. Stuttgart 1990.

Speck, O.: System Heilpädagogik. Eine ökologisch reflexive Grundlegung. München 1988.

Speck, O.: Chaos und Autonomie in der Erziehung. Erziehungsschwierigkeiten unter moralischem Aspekt. München 1991.

Speck, O./Thurmair, M. (Hrsg.): Fortschritte der Frühförderung entwicklungsgefährdeter Kinder. München 1989.

Stackelberg, H. H. Freiherr von: Probleme der Erfolgskontrolle präventivmedizinischer Programme, dargestellt am Beispiel einer Effektivitäts- und Effizienzanalyse genetischer Beratung. Marburg 1980.

Ständige Konferenz der Kultusminister der Länder in der Bundesrepublik Deutschland: Gutachten zur Ordnung des Sonderschulwesens. Bonn 1960.

Ständige Konferenz der Kultusminister der Länder in der Bundesrepublik Deutschland: Empfehlung zur Ordnung des Sonderschulwesens. Nienburg 1972.

Stoellger, N.: Konzepte der Integration Behinderter in der Sekundarstufe I. Berliner Erfahrungen mit der Gesamtschule. In: Ellger-Rüttgardt 1990, 116–128

Stötzner, H. E.: Schulen für schwachbefähigte Kinder. Erster Entwurf zur Begründung derselben. 1864. Neudruck Berlin 1963.

Stolk, J.: Die Frage nach dem Wert des Lebens geistig behinderter Kinder. In: Thimm u.a. 1989, 184–213.

Stroebel, H.: Bemerkungen zum Begriff Rehabilitation aus juristischer Sicht. In: Jochheim, K. A./Scholz, J. F. (Hrsg.): Rehabilitation. Band I: Gesetzliche Grundlagen, Methoden und Maßnahmen. Stuttgart 1975, 4–8.

von Strümpell, L.: Die Pädagogische Pathologie oder die Lehre von den Fehlern der Kinder. Eine Grundlegung. Leipzig [4]1910.

Stutte, H.: Kinder- und Jugendpsychiatrie. In: Psychiatrie der Gegenwart. Forschung und Praxis. Band II: Klinische Psychiatrie, hrsg. von Gruhle, H. W. u.a. Berlin 1960, 952–1087.

Theiner, Ch./Künne, E./Becker, K.-P.: Zur Theorie und Praxis der Erziehung und Bildung Geschädigter in sozialistischen Ländern. Berlin [2]1981.

Theunissen, G.: Zur »Neuen Behindertenfeindlichkeit« in der Bundesrepublik Deutschland. In: Zeitschrift für Heilpädagogik 40 (1989) 673–687.

Thimm, W.: Zur Handlungsrelevanz von Behinderungsbegriffen. In: Vierteljahresschrift Sonderpädagogik 9 (1979) 169–175.

Thimm, W. u.a.: Ethische Aspekte der Hilfen für Behinderte. Unter besonderer Berücksichtigung von Menschen mit geistiger Behinderung. Marburg 1989.

Thimm, W.: Humangenetische Beratung und pränatale Diagnostik. Zur Pädagogisierung einer medizinischen Domäne. In: Ellger-Rüttgardt 1990, 272–283.

Thimm, W./Ferber, Ch. v./Schiller, B./Wedekind, R.: Ein Leben so normal wie möglich führen ... Zum Normalisierungskonzept in der Bundesrepublik Deutschland und in Dänemark. Marburg 1985.

Thomson, J. J.: Eine Verteidigung der Abtreibung. In: Leist 1990, 107–131.

Thust, W.: Recht der Behinderten. Eine systematische Darstellung für Studium und Praxis. Weinheim 1980. (Neubearbeitung Thust/Trenk-Hinterberger [2]1989).

Tooley, M.: Abortion and Infanticide. In: Philosophy and Public Affairs 2 (1972) 37–65. Neuabdruck in: Leist 1990, 157–195 (Abtreibung und Kindestötung).

Topitsch, E.: Sprachlogische Probleme der sozialwissenschaftlichen Theoriebildung. In: Topitsch, E. (Hrsg.): Logik der Sozialwissenschaften. Köln [5]1968, 17–36.

Treml, A. K.: Einführung in die Allgemeine Pädagogik. Stuttgart 1987.

VBE Verband Bildung und Erziehung: Beiträge zum Thema »Sonderpädagogische Förderung und Elternrecht« – verfassungs-, schul- und rehabilitationsrechtliche Aspekte – Dokumentation der 2. Fachtagung des Referates Behindertenpädagogik im Verband Bildung und Erziehung vom 22.–24. November 1988 in Saarbrücken. Würzburg 1989.

Warnock, H. M.: Special Educational Needs – Report of the Committee of Enquiry into the Education of the Handicapped Children and Young People (Her Majesty's Stationary Office). London 1978.

Warnock, M.: Haben menschliche Zellen Rechte? In: Leist 1990, 215–234.

Weber, M.: Gesammelte Aufsätze zur Wissenschaftslehre. Tübingen [2]1951.

Weiß, H.: Familie und Frühförderung. Analysen und Perspektiven der Zusammenarbeit mit Eltern entwicklungsgefährdeter Kinder. München 1989.

Wellendorf, F.: Schulische Sozialisation und Identität. Zur Sozialpsychologie der Schule als Institution. Weinheim [3]1975.

Wittgenstein, L.: Tractatus logico-philosophicus. In: Wittgenstein, L.: Schriften. Band 1. Frankfurt 1960.

Wocken, H.: Am Rande der Normalität. Untersuchungen zum Selbst- und Gesellschaftsbild von Sonderschülern. Heidelberg 1983.

Wocken, H.: Schulleistungen in Integrationsklassen. In: Wocken, H./Antor, G. (Hrsg.): Integrationsklassen in Hamburg. Erfahrungen, Untersuchungen, Anregungen. Solms-Oberbiel 1987, 65–87.

Wolfensberger, W.: A Reconceptualization of Normalization as Social Role Valorization. In: Canadian Journal on Mental Retardation 34 (1984) 22–26.

World Health Organization: International Classification of Impairments, Disabilities and Handicaps. A Manual of Classification Relating to the Consequences of Disease. Genf [9]1980.

Zeune, A.: Belisar. Über den Unterricht der Blinden. Berlin 1821. (Neuausgabe mit einer Lebensbeschreibung des Verfassers. Anmerkungen zum Text und mit einem Nachwort versehen von S. Solarová). Berlin 1969.